词汇—句法—语篇连续体的
认知机制研究

CIHUI-JUFA-YUPIAN LIANXUTI DE
RENZHI JIZHI YANJIU

杨静 南丽琼 伍玲◎著

四川大学出版社

图书在版编目（CIP）数据

词汇—句法—语篇连续体的认知机制研究 / 杨静，南丽琼，伍玲著． — 2版． — 成都：四川大学出版社，2024.4
 ISBN 978-7-5690-6625-8

Ⅰ．①词… Ⅱ．①杨… ②南… ③伍… Ⅲ．①认知语言学－研究 Ⅳ．①H0-06

中国国家版本馆CIP数据核字（2024）第051557号

书　　名：	词汇—句法—语篇连续体的认知机制研究
	Cihui-Jufa-Yupian Lianxuti de Renzhi Jizhi Yanjiu
著　　者：	杨　静　南丽琼　伍　玲

选题策划：	敬铃凌
责任编辑：	敬铃凌
责任校对：	余　芳
装帧设计：	胜翔设计
责任印制：	王　炜

出版发行：四川大学出版社有限责任公司
　　　地址：成都市一环路南一段24号（610065）
　　　电话：（028）85408311（发行部）、85400276（总编室）
　　　电子邮箱：scupress@vip.163.com
　　　网址：https://press.scu.edu.cn
印前制作：四川胜翔数码印务设计有限公司
印刷装订：四川省平轩印务有限公司

成品尺寸：	146 mm×210 mm
印　　张：	9.25
字　　数：	218千字

版　　次：	2017年12月　第1版
	2024年 4 月　第2版
印　　次：	2024年 4 月　第1次印刷
定　　价：	55.00元

本社图书如有印装质量问题，请联系发行部调换

版权所有 ◆ 侵权必究

扫码获取数字资源

四川大学出版社
微信公众号

前 言

　　语言学的发展是一个更新换代、推陈出新的过程。自从索绪尔开创了现代语言学以来,语言学界的发展呈现蓬勃之势,越来越引人注目,为其他学科提供了新的启示。索绪尔在语言学领域的重要性毋庸置疑,但这绝不意味着语言学的研究从此盖棺论定,恰好相反,他的伟大之处正好在于其开创的结构主义先河启发人们对语言的思考,从而推动了语言学的发展壮大。结构主义把语言视为一个封闭的系统,注重研究与描述语言的内部结构,较少追溯语言的产生机制。这种做法引起了以乔姆斯基为代表的生成语法学派的不满,他们认为语言学的研究应该追问语言之所以为语言的本质。在此目标的驱动之下,他们提出了语言的天赋说,该观点认为人类的语言之所以先于其他认知能力得到迅速发展是因为人的大脑中有一个主管语言的黑匣子(black box),他们把这个假想的区域命名为语言习得机制(Language Acquisition Device, LAD)。由于该机制是普遍存在于人的大脑中的,因此它又被称为普遍语法(Universal Grammar, UG)。它一旦在具体的语言环境中得到激活,就会迅速调整其参数(parameter),帮助语言学习者习得语言。由此,生成语法学者自然而然地得出语言的另外两个特征:普遍性(universality)和自治性(autonomy)。前者认为人的天赋部分的习得机制是普遍存在于每个人的大脑中的,语言学最根本的任务则是挖掘这一内容；后者则认为语言习得机制与一般的认知机制是相互隔离、互不干扰的，因此一般的认知模式不能用于解释语言现象。值得注意的是，生成语法认为普遍语法主要是与句法规则的特征有关，而不包括语言的其他信息（如语用、语义）。在此，我们就可以把自治性具体阐述为句法具有自治性。在句法自治的基础上就很容易得出语言的所有层面（如语义、语用、语音）都是自治的，也即不同的语言部分由大脑的不同区域负责，由此生成语法学者就把语言分割成了不同的模块，认为不同的语言层面由不同的规则掌控，因此应该分开研究。这就是著名的语言模块观（Modularity）。

生成语言学的上述做法受到一些学者诟病。最初，他们只是在生成语法的框架内对其中的不足进行修正，比如菲尔墨（Fillmore）的格语法[1]和莱柯夫（Lakoff）[2]等人提出的生成语义学就是如此。但随着研究的不断深入，通过大量的语言调查事实并借鉴认知科学（如认知心理学和神经语言学）的研究成果，他们发现生成语法的上述基本假设都是站不住脚的，据此他们发展出了一个新的语言学流派——认知语言学。它提出人的语言并非如生成语法学派所宣称的那样是天赋的，而是在人的身体体验以及认知加工的基础上形成的，此处的认知也并不是只管理语言的认知，而是指挥人的所有

---

[1] Charles Fillmore: "The Case for Case", in E. Bach & R. Harms (eds.), *Universals in Linguistic Theory*, New York: Holt, Rinehart & Winston, 1968.

[2] 转引自王寅：《认知语言学》，上海：上海外语教育出版社，2007年。

行为的一般认知模式。从这里可以看到,认知语言学并没有把人的语言能力和其他能力进行区分,而认为它们在本质上是相通的,这就与生成语言学的自治论形成了对立。据此,认知语言学提出其基本原则:现实——认知——语言,其基本意思是语言并不是镜像地反映客观世界的,而是受人对客观现实的认知加工的影响。此处的认知是由诸如"隐喻、转喻、意象图式、认知模型"等认知模式构成的。值得注意的是,虽然不同种族的人都具有相同的认知模式,但这并不意味着他们的语言就完全相同,因为除了受认知模式的制约,语言还受体验、文化等因素的影响。事实上,即使基于同一认知模式也可能产生不同的语言特点,比如说英语和汉语的人都用隐喻"ANGER IS FIRE"表达愤怒的情绪,但说英语的人则用的是"FIRE IS A HOT FLUID IN A CONTAINER",而汉语则用"ANGER IS THE HOT GAS IN A CONTAINER"的隐喻[1];又如在表达勇气时,中国文化由于受中医的影响,认为人的胆囊(gallbladder)是勇气之源,因此汉语中就有"GALLBLADDER IS CONTAINER OF COURAGE(胆囊是勇气的容器)"和"COURAGE IS QI IN GALLBLADDER(勇气即为胆囊中的气)"这两类隐喻[2]。而其他语言中因为没有中医背景则没有这类隐喻。因此与生成语法相对的是,认知语言学认为语言并不具有普遍性,每一种语言都有

---

[1] Ning Yu: *The Contemporary Theory of Metaphor: A Perspective from Chinese*, Amsterdam/Philadelphia: John Benjamins Publishing Company, 1998.

[2] Ning Yu: "Metaphor, Body, and Culture: The Chinese Understanding of Gallbladder and Courage", in *Metaphor and Symbol*, 2003(18): 13-31.

其特别之处（language specific）。据此，认知语言学反对生成语法的语言普遍观。此外，前文提及，认知语言学认为掌管人的语言认知能力与掌管其他行为的能力实质上是同一种能力，由此认知语言学并不同意把语言知识同其他知识分隔开来，这就形成了与生成语法的语言普遍观对立的"语言个性观"。这一观点基于人的体验和认知，既承认各语言有普遍的成分（如认知模式和共同体验），也强调由于每个民族的文化和生存环境的不同而导致其具体的认知模式的差异，从而很好地解释了语言的共性与差异。由此，认知语言学对生成语法的四大基本观点（天赋论、普遍观、自治观和模块论）都做出回应，并提出了与之截然不同的看法。

相较而言，我们更加认同认知语言学的语言观。但由于篇幅的限制，本书研究无法涵盖生成语法与认知语言学之间的所有争论，主要就语言是否具有模块性这一特点展开讨论。前文提及，生成语言学认为，语言是天赋的，这种推断的依据是他们观察得出结论人的语言能力往往先于其他认知能力而得到发展，据此断定大脑中一定存在着一个专司语言的区域，经由该观点，他们继续推出既然语言与其他认知能力互不相干，那么语言自然就是自治的（autonomous），也即语言的特点不受其他认知能力的影响。根据语言的自治观，他们继而提出语言的模块观。在该观点中，语言被切分为若干个模块，如词汇、句法、语篇、语义、语用、语音，不同的模块由大脑的不同区域负责，因此不同的模块所遵循的规律是不同的，无法统一研究。模块之间只能通过他们提出的连接性规则（linking rules）得到沟通，从而产生实际的语言。

但认知语言学家根据语言事实发现,生成语法所说的不同的语言模块之间并没有清晰的界限,而是往往呈现连续体分布。比如我们很难确定哪些意义属于语用层面,哪些属于语义层面(即对语言单位的句法表现有影响的意义)。在很多情况下,人们认定的语用意义也可以决定句法行为,并且某些意义虽一开始属于语用范围,随着使用频率的提升,其规约度(conventionalization)和固化度(entrenchment)都得到提升,该意义就可能被确定为语义范畴。由此可见,语用和语义意义是分布在连续体两端的极端案例,大多数意义都处于连续体之间,它们逐渐由语用义向语义范畴转变。如果按生成语法的做法把两者进行切割,虽可以捕捉一些语用和语义各自的特点,但却会因小失大,不能看到全局,也很难把握意义之间的动态变化。除了语用和语义之间无法切割成块,词汇、句法、语篇之间也并无本质的区别,它们实质上都是形式和语义的配对体,都是象征单位(或者说构式)。兰盖克(Langacker)的认知语法(Cognitive Grammar)[1]提出,在语法研究(广义上的语法)中只需要设定一个概念即可,即象征单位(symbolic unit),象征单位是语音极和语义极的结合体(combination of phonological pole and semantic pole),不同的象征单位之间又可以继续整合(integrate),形成更大的象征单位。但这种整合是建立在两者之间具有语义对应性(correspondence)的基础之上的,比如在"我写稿件"这个结构中,动词"写"预设两个语义空位(elaboration

---

[1] R. Langacker: *Cognitive Grammar: A Basic Introduction*, Oxford: Oxford University Press, 2008.

site），分别是"写作者"和"写作物"，在这两个空位被填入之前，该动词是一个抽象的存在；而句中的"我"与"写作者"之间具备语义对应性，即"我"可以例示（instantiate）"写作者"，因此"我"可以填入动词"写"所预设的"写作者"空位；同样，"稿件"与"写作物"之间也具有例示关系，从而"稿件"也可以填入"写作物"的空位中。当这两个空位都被具体的物体填入之后就形成了一个具体的表达"我写稿件"，因此可见这三个词语经由语义对应性整合形成一个句子。这个句子一旦形成，也可以与其他语法成分继续整合，形成更大的语言单位。比如：

（1）甲：今天上午你为什么没来？
　　乙：我在写稿件。

在这个例子中，疑问句"今天上午你为什么没来"预设着一个回答空位，也即"原因空位"，而"我在写稿件"则可以填入该空位中，因为该活动需要耗时，它与"上午没来"所预设的"除没来之外的任何活动"之间具有语义对应性，两者具有整合形成一个完整的"问答"语篇的基础。这个语篇形成之后，还可以继续与其他语言成分整合形成更大的语言单位。通过上述分析可见，不同大小的语言单位之间并无本质的区别，它们都可以被视为象征单位，都是语音和语义的配对体，都可以和其他单位整合形成更大的单位。由此，兰盖克在这个层面上回答了乔姆斯基提出的"语言的递归性（recursiveness）问题"，即有限的词汇如何可以生成无限的语言。但这个回答并没有借助于语言的天赋说和普遍观，而是基于语言单位之间的语义对应性得出的，似乎更具心理现实性（psychological plausibility）。总之，不同复杂度的语言单位之间并无明确清晰的界限，它们不能像生成语法所说的那样被切分成不同的单位分别研究，否则我们就可能会忽视不同大小语言单位之间的关联，甚至可能与语言的本质失之交臂。

  语言除了在复杂度这一维度上呈连续体分布，在固化度、规约度和抽象度这几个维度也是如此[1]。其中固化度指人对语言单位的熟悉程度，它直接影响着语言单位被激活需要的认知努力（cognitive effort），固化度越低需要的认知努力就越多，固化度越高需要的认知努力就越少，直至完全不需任何刻意行为，语言单位就会在特定场合下自动（automatization）脱口而出，此时我们就说该语言单位获得了单位地位（unit status）。从上述分析也可以看到，固化度（entrenchment）也是一个程度问题，不同的单位处于该维度的不同刻度上。规约度虽与固化度有相似之处，都指人们对语言单位的熟悉程度，但规约度（coventionalization）侧重于指语言单位在特定的语言社区中的固化程度。这当然也是一个程度的问题，不同的语言单位在社区中的规约度也有不同。最后一个是抽象度（schematization），它提出随着构式使用频率的增加，其固化度和规约度也相应地增加，此时人的大脑就对构式有个抽象的过程，比如上述例（1）是一个及物构式的具体例子，随着使用频率的增高，特别是类频（type

---

1 刘玉梅：《基于多重传压的现代汉语新词语构式研究》，四川大学博士学位论文，2010年。

frequency，指某一类结构的使用频率）[1]，人们就会逐渐抽象出及物构式，它便可以指导后续的语言行为。同样，从上述分析我们也可以看到，不同抽象程度的构式也是呈连续体，无法截然割裂开来。由此可见，无论从哪个维度看，语言都是呈连续体的，它们完全可以由相同的认知模式得到解释，并不是生成语法所宣称的那样需要把不同层面的语言进行单独解释，这种解释既不符合语言现实，也过于复杂。从这个角度我们也可以看出，认知语言学从真正意义上实现了生成语法所追求的"最简方案"。

基于语言的上述事实，认知语言学做出了其研究的基本承诺，分别是概括性承诺（The Generalization Commitment）和认知承诺（The Cognitive Commitment）[2]。其中概括性承诺旨在探究产生不同层面语言现象的相通的认知原则；而认知承诺则提出要通过一般的认知原则来解释语言现象，这也是为了证实主导语言的认知能力与一般的认知能力无异这一事实。我们认为这两个承诺是相互关联的，认知承诺较为宏观，它破解了生成语法的"天赋说"的迷思，更加强调语言知识与一般知识之间没有质的区别这一观点，从而也间接地否认了"模块论"。没有这一承诺，概括性承诺也无法成立。相较而言，概括性承诺则更加注重对语言内部的研究，认为各语言层面之间并无本质区别，应该用统一的视角进行

1　A. E. Goldberg: *Constructions: A Construction Grammar Approach to Argument Structure*, Chicago & London: The University of Chicago Press, 1995.

2　Vyvyan Evans & Melanie Green: *Cognitive Linguistics: An Introduction*, Edinburgh: Edinburgh University Press, 2006.

研究。可以看到，认知承诺是概括性承诺的前提，概括性承诺是认知承诺的直接结果，两者共同作用反击了生成语言学的天赋论、自治论和模块论。这两个承诺中与本书直接相关的则是概括性承诺。

自20世纪认知语言学兴起以来，国内的学者也争相用它来解释语言现象，并在此过程中对认知语言学的发展做出了重要贡献。截至目前，学者们似乎更加注重运用认知理论来研究词汇和句法层面的语言现象，较少有学者的研究触角伸到了语篇层面。有的学者[1]虽然意识到认知模式对语篇层面的重要作用，但却很少把词汇、句法、语篇三类模式进行统一研究。这离认知语言学的概括性承诺和认知承诺似乎还相去甚远。有鉴于此，本书致力于运用认知语言学中的三类认知模式（分别是隐喻、认知参照点和象似性原则）来研究横跨三个层面（分别是词汇、句法和语篇）的语言现象，力图展示上述三类认知模式对语言的三个层面都有影响，从语言事实的角度来兑现认知语言学的概括性承诺，也可以间接地佐证认知承诺。下文将对本书的主要内容进行简单介绍。

本书的第一章是理论框架，它为后文的分析奠定了理论基础。我们首先阐明了认知语言学的"语言呈连续体"这一思想的渊源，并着重从复杂度的角度阐明了词汇—句法—语篇这一连续体存在的理据，提出这三类语言现象并无本质的

---

[1] 魏在江：《隐喻的语篇功能：兼论语篇分析语认知语言学的界面研究》，载《中国外语》，2006（5）：10-15；王寅：《认知参照点与语篇连贯》，载《中国外语》，2005（6）：17-22；Liao Meizhen: "Metaphors as a Textual Strategy in English", in *Text*, 1999(2): 227-252.

区别，它们只是复杂程度有所不同，这就为下文运用统一的认知模式来解释这三类现象奠定了基础；然后我们根据本书的研究回顾了分析词汇—句法—语篇连续体的三类认知工具，分别是概念隐喻、认知参照点和象似性原则。概念隐喻最初是由莱柯夫和约翰逊[1]提出的，与传统的隐喻观不同的是，他们认为隐喻是人的思维的根本特征，因此将之命名为概念隐喻。概念隐喻在一致性原则（The Invariance Principle）[2]的作用下，源域被映射到目标域中，帮助人们理解目标域。概念隐喻无处不在，只是多数情况下它在潜意识层面发挥作用，我们并未意识到它的存在而已。同样，认知参照点在认知语言学中也被认为是思维的基本特征，人们常通过概念域中的一个事物来激活另一个事物，从而达到认识事物的目的，这一现象在心理学和物理学等领域都有所体现。象似性原则侧重于论述语言与人的思维之间的象似关系，它指语言象似于人的认知特征。象似性原则有很多种类，人们会在不同的情景下调用不同的原则。上述三类模式都被视为人的基本的认知特征，根据认知语言学的"现实——认知——语言"这一基本原则，这些认知特征必定会在语言层面有所反应，换句话说，语言层面出现的隐喻、认知参照点以及象似性正是思维层面的隐喻、认知参照点以及象似性作用的结果。与此同时，我们也强调对语言层面的研

1　G. Lakoff & M. Johnson: *Metaphors We Live By*, Chicago: The University of Chicago Press, 1980.
2　G. Lakoff: "The Contemporary Theory of Metaphor", in A. Ortony (ed.), *Metaphor and Thought*, 2nd edn, Cambridge: Cambridge University Press, 1993.

究不应该局限于词汇和句法层面，应该进一步推进至语篇层面，并对这三个层面形成统一的解释机制，这样才能更好地印证认知语言学的连续体的思想，兑现其概括性承诺。在回顾已有研究的过程中，我们不仅注重对已有研究的介绍，还注重分析其出发点和意义，反思其利弊，使之更好地服务于本书的分析。

第二章主要把隐喻、认知参照点和象似性原则用于词汇层面进行分析。我们分析了英语介词"above"的空间意义是如何通过隐喻思维映射到其他抽象的概念域之上的。研究表明，介词"above"表现出的多义性是隐喻思维作用的结果，该介词原始的空间义突显了射体位于路标之上的空间关系，通过隐喻映射，它可以用于表现如下领域中射体与路标之间的关系：速度、数量、音量、时间（包括年龄）、能力、标准（standard）以及权力。由此其意义也发生了转变，这种转变是基于隐喻思维的，并非像传统研究所宣称的那样各意义之间是相互独立的关系。本章还用认知参照点（具体地说是转喻）分析了汉语中的流行语"山寨"的语义变迁及其词性的变化。研究表明，"山寨"的词义以及词性的转变都与认知参照点相关，事实上词性的转变是以词义转变为基础的，这也证实了认知语言学"语义和句法呈连续体"的观点。在该词词义和词性转变的过程中，主要是"地点代替组织"以及"组织代替属性""属性代替产品""产品代替属性""产品代替行为"等系列转喻作用的结果，没有转喻思维，上述现象不可能产生。最后，我们还研究了著名小说《了不起的盖茨比》中的词汇所体现的声音象似性，发现单词的声音与其所传递的意义之间并非索绪尔所宣称的那样呈绝对任意关系，它与说话人的情绪、态度、修养和教育程度等重要信息呈象似关系，许多作者在写作时往往利用声音象似性来塑造人物性格，从而使得人物形象更加活泼生动。

第三章则是用隐喻、认知参照点和象似性原则研究了汉语的新兴被字句"N被X"。其中，该句型所展现出的对传统被字句的偏离（deviation）则是标记象似性的一种体现，从形式上看，该结构中的X成分并不像传统被字句所要求的那样具有多价性、动作性以及结果性的语义特征，调查显示X可以由如下成分充任：名词、动词（包括不及物动词）、形容词以及动宾结构等。这种形式上的标记性（markedness）预示着其意义的不可预测性。分析表明，该类构式所传达的"宣称义"和"迫使义"都不能从传统的被字句结构中预测，因此该类结构中有标记的形式与无法预测的意义之间呈标记象似性。这类结构的生成机制则主要是本章在已有研究的基础上提出的高阶事件转喻（high level event metonymy），此类转喻的特别之处在于它是通过一个词语来引导人们认识（或者说在人们的头脑中激活）一个事件，并且此类转喻对句法有影响，因此我们称之为高阶事件转喻。据此，本书提出，新兴被字句的生成机制如下：在构式压制的作用下，该结构中的X可以作为认知参照点引导人们认识一整个事件，X与整个结构的语义矛盾得到和解，构式的合法性或者说良构性（well-formedness）得到保证。但该类结构中的一个子类的产生不仅涉及高阶事件转喻，而且还需要隐喻思维，在这一子类中，X所唤起的事件与当前事件并不在同一领域中，它是跨域映射，应该归为隐喻思维，也即此类结构是转喻和隐喻共同作用的结果。通过本章研究我们也认识到隐喻与转喻之间也无明确的界限，它们同样呈连续体分布。

第四章的研究对象是语篇，也即我们把隐喻、认知参照点以及象似性这三类认知模式的解释力推进到语篇层次。其中第一节论述了语篇层面的研究离不开认知语言学，语篇的连贯性不仅来自于显性的衔接手段（cohesive device），更为根本的是心智上的连贯性（the coherence in mental text），因此语篇的研究必须加入认知语言学，否则很多现象无法得到合理的解释。第二节考察了美国著名短篇小说《一个小提琴匣子和棺材的相似之处》中隐喻对语篇连贯所起的作用，研究发现隐喻（尤其是结构隐喻）对该文本的连贯性起到了至关重要的作用，小说主要利用"时间即空间（TIME IS SPACE）"这一概念隐喻描述了小说主人公之间由于年龄的差异而导致的心理隔阂。第三节调查了小说《了不起的盖茨比》中所体现的象似性原则以及这些原则对主题传达所起的作用。该小说运用了很多类象似性原则，包括数量象似性、顺序象似性、标记象似性和距离象似性等。但不同的象似性的作用不同，其中数量象似性主要用于人物的塑造中，顺序象似性主要用来推进故事情节，标记象似性的作用主要是吸引读者的注意力和强调某一内容的重要性，距离象似性则用来对某一主体进行不同角度的阐述，小说的连贯性很大程度上取决于上述象似性。第四节探讨了认知参照点模式对作家约翰·斯坦贝克（John Steinbeck）的小说《紧身甲》中所起的连贯作用。研究发现该小说中的参照模式也比较多样，主要有中心辐射型、套叠连锁型、T=D联结型、DT多样型、多重交叉型。我们还分析了不同参照点模式的不同作用，发现虽然中心辐射型、T=D联结型与DT多样型都主要用于向读者阐明某一重要概念，但中心辐射型中整个语篇不属于同一概念域，而T=D联结型则在同一概念域中，DT多样型则主要是列举式地说明，精细程度不如前两类模式。套叠连锁型主要用于故事情节的推动中，多重交叉型则综合运用了上述参照模式。在整篇小说中套叠连锁型最多，因为其功能与小说的叙事特点最为吻合。

本书的第五章是结语，总结了本书研究的主要内容和意义，展望了未来研究的前景。

总之，本文根据隐喻、转喻以及象似性原则对词汇、句法和语篇三个层面的语言现象做出了解释，力图展示认知语言学连续体的思想。但在此过程中，我们也发展了认知语言学的相关理论，并对已有研究的不足提出了修改方案。

第一章 理论框架 ······················· 1

第一节 连续体 ····················· 3
第二节 隐喻 ······················ 13
第三节 认知参照点 ················· 29
第四节 象似性 ···················· 54
第五节 结语 ······················ 76

第二章 认知视角下的词汇解释 ········· 79

第一节 介词above的空间义及其隐喻拓展 ······ 83
第二节 认知参照点视角下的词汇语义变化：
　　　 以"山寨"为例 ················ 102
第三节 象似性视角下的词汇研究 ········ 118
第四节 结语 ······················ 127

第三章 认知视角下的句法解释 ········· 129

第一节 新兴被字句中的标记象似性 ······ 135
第二节 对新兴被字句的转喻解释 ········ 149
第三节 新兴被字句中的隐喻思维 ········ 179
第四节 结语 ······················ 183

第四章 认知视角下的篇章分析······185

第一节 语篇连贯的隐喻性 ······ 195
第二节 语篇连贯的象似性 ······ 208
第三节 语篇连贯的认知参照点属性 ······ 230
第四节 结语 ······ 251

第五章 结语······253

参考文献······265

后 记······277

第一章

理论框架

思想樂林

本书通过认知语言学中公认存在的三类认知模式来研究词汇、句法、语篇，由此来检验"连续体"思想的可行性，以及认知语言学所提出的概括性承诺。本部分主要介绍本书将使用的认知语言学理论，包括认知语言学所倡导的"连续体"思维模式、隐喻、认知参照点以及象似性，为后文的现象分析奠定理论基础。

第一节　连续体

如上所述，本书将择取三种认知方式（分别是隐喻、转喻和象似性）来解释各层面的语言现象，包括词汇、句法以及语篇。这种做法主要是基于如下两个预设：首先，上述三类语言现象产生时需要相同的认知方式；其次，上述三类现象之间并无清楚的界限，它们的分布方式呈连续体。

第一个预设实质上正是认知语言学的两大基本承诺之一的概括性承诺（The Generalization Commitment）[1]，它提出不

1　Vyvyan Evans & Melanie Green: *Cognitive Linguistics: An Introduction*, Edinburgh: Edinburgh University Press, 2006.

同的语言现象（包括语言的不同层面）本质上都是由相同的认知方式产生的，认知语言学的主要任务是在看似完全不同的语言现象中寻找相通的认知原则。

这种做法与当前主流的形式语言学（Formal Linguistics）是相悖的。形式语言学的基本假设是语言的天赋论，它假定人脑中存在一个黑匣子（Black Box），里面包含着一些句法模块，这些句法模块一旦受到现实语言的激活，就会自动调整参数从而使儿童习得该语言。由于语言是人类早期就发展出来的能力，而此时人的其他能力似乎尚未得到发展，因此形式语言学家又进一步提出语言必定是自治的（autonomous），即黑匣子只管控人的语言能力，否则就解释不通为何语言能力发展得最早这一事实，并且该器官（即黑匣子）仅在语言的关键期（critical period）发挥作用，一旦错过这一时期，它将很难被激活，人也因此很难习得语言。由语言的自治观进而又可发展出语言的模块论，形式语言学家设定不同的语言层面由不同的原则掌控，因此在研究语言时，我们要把它们切分成若干个模块（语音、语义、词汇、句法、篇章和语用等），在不同模块中不同的规则产生作用，如句法模块中的规则主要关注词汇如何组合形成句子，语义模块则负责句子的语义诠释（interpretation）。不同的模块之间通过连接规则（linking rules）来实现沟通。

形式语言学的这一个做法遭到认知语言学的诟病。认知语言学认为语言并非天赋，而是人在后天的身体体验和认知模式共同作用下形成的。因此，认知语言学提出人的大脑中并不存在一个专司语言的器官，管理语言的认知模式与管理一般知识的认知模式并无二致。上述观点导致认知语言学在研究语言时具有如下两个特点：首先，它认为语言知识与非语言知识之间的界限是模糊的。这种模糊性在语义研究中尤为明显，基于此，认知语言学进一步提出语义百科观（meaning is encyclopedic in nature）。传统语言学中把意义分为语用义和具有语言学意义的意义（即英语中的 semantics），持语义百科观的认知语言学认为二者之间的界限是模糊的，正如兰盖克（Langacker）[1]所言，一个意义只要在单个说话者心中足够固化（entrenched）且在社群中规约化（conventionalized）程度足够高，就可以被视为语言学意义。而固化度和规约化程度都是一个度的问题，所以随意将语义问题划分为语义或者语用都是不可取的，这是一个动态变化的过程，不能用静态的框架来限定。

其次，除了前面所讨论的语义和语用问题，认知语言学还认为把语言分为不同的模块来研究是不符合语言现实的，他们发现在语言使用者心中，上述各层面的语言现象也没有截然明确的界限，也即词汇、句法和篇章呈连续体分布。认知语法[2]就提出，我们在研究语法时只需设置三个单位即可，它们分别是语音极（Phonological Pole）、语义极（Semantic Pole）以及两者结合所产生的象征单位（Symbolic Unit），表示为［［S］/［P］］$_\Sigma$，其中［S］表示语义极，［P］表示语音极。兰盖克认为两个及其以上的象征单位通过在语音

1　R. W. Langacker: *Cognitive Grammar: A Basic Introduction*, New York: Oxford University Press, 2008.

2　R. W. Langacker: *Foundations of Cognitive Grammar: Theoretical Prerequisites*, Vol. 1, Stanford: Stanford University Press, 1987; R. W. R. W. Langacker: *Grammar and Conceptualization*, Berlin/New York: Mouton de Gruyter, 1999.

极和语义极整合（integrate）就会形成构式（也是一种象征单位，只不过是复合象征单位），记作 [Σ_1] + [Σ_2] = [Σ_3]，但这种整合是建立在两者之间具有语义对应性（或者概念对应性，Semantic/Conceptual Correspondence）的基础之上的。

语义对应性是兰盖克所提出的认知配价关系（Valence Relation）的一部分。根据该理论，当两个及以上的象征单位整合形成更为具体的语言结构时，它们就具有"配价关系"。"配价关系"主要包括四个部分：对应（Correspondence）、侧显因子（Profile Determinacy）、自主依存（Autonomy and Dependence）以及顺序（Constituency）。其中，侧显因子表示决定整合语言单位语法性质的成分。顺序指整合单位的整合次序。配价关系认为语言单位之间的自主—依存关系（Autonomy-Dependence Alignment）是它们整合的动力。自主单位在概念层面可独立存在，依存单位须靠自主单位才能表达完整意义。由名词所表示的事物是自主的；由动词所表示的动作则是依存的，因为它预设着执行者的存在，如动词"go"，单独提及它时无法表达意义，我们必须知道动作的执行者，即在动词"go"的概念意义中隐含着一个空位，其意义与"执行者（goer）"对应，当执行者填入该空位时该行为变得更加具体。兰盖克把依存成分中预设的另一个概念的空位命名为详述位（Elaboration-site，简称e-site），自主成分填入依存成分的详述位，从而使表达式更加详细具体，即自主成分所突显的语义结构对依存成分所突显的次结构做出具体详细的阐释

（Elaboration），两者从而联结为一个复合结构[1]。兰盖克[2]还对详述位进行了形式化定义：成分X中存在次结构X_e，该次结构和Y具有图示化（Schema and Instance）关系，即它和Y只是在抽象程度上有所差异，其中Y相对具体，当Y填入X_e时，X就变得更为具体，由此X_e就是Y的详述位。他对依存成分的定义是：结构X中若含有一个可以由Y填补的详述位，Y就依存于X。

在上述四个因素中，"对应观（Correspondence）"处于核心地位，主要解决象征单位如何互动以形成复合象征单位的问题。其基本思想是：两个能整合的象征单位一定具有语义对应性，或者说语义兼容性[3]。可见，"配价关系"中的"价"指语言单位的整合潜力[4]，这与配价语法中的"价"有所不同。认知配价观不以动词为中心，它关注各类词汇的整合问题，如形容词和名词、介词和名词、动词和时体标记等的整合，因此它可解释更多的语言现象。下面以短语"the football under the table"为例说明兰盖克的配价关系如何运作：

在该短语中，under的概念结构［ＵＮＤＥＲ］侧显（Profile）路标（Landmark）和射体（Trajectory）之间的空

1　牛保义：《自主/依存联结：英语轭式搭配的认知研究》，载《四川外语学院学报》，2006（2）：1-6。

2　R. W. Langacker: *Foundations of Cognitive Grammar: Theoretical Prerequisites*, Vol. 1, Stanford: Stanford University Press, 1987.

3　R. W. Langacker: *Foundations of Cognitive Grammar: Theoretical Prerequisites*, Vol. 1, Stanford: Stanford University Press, 1987.

4　John R. Taylor: *Cognitive Grammar*, Oxford: Oxford Univeristy Press, 2002.

间关系，表示射体位于路标的下方，因此[UNDER]预设着两个需要填补的详述位——射体和路标。在这两个详述位未被填入之前，该空间关系抽象存在。[THE-FOOTBALL]和[THE-TABLE]表示具体的物体，对它们的理解也涉及空间域，因此[THE-FOOTBALL]和[THE-TABLE]与[UNDER]预设的射体和路标详述位之间具有语义对应性（Correspondence）。由于[THE-FOOTBALL]的体积比[THE-TABLE]小，它更容易被识解为射体，所以它填入[UNDER]的射体详述位，[THE-TABLE]则填入[UNDER]的路标详述位并对之做出详细阐释，这样就形成了the football under the table的表达。如下图：

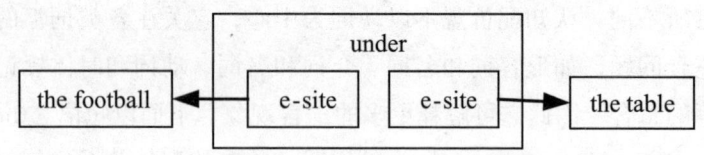

简而言之，短语the football under the table之所以可以形成是因为the football和the table与under所预设的路标和射体详述位具有对应性。如此一来，单词就通过对应关系整合形成短语。当短语形成之后，它又可以作为一个新的象征单位与其他象征单位进行整合从而形成更大的象征单位，如更大的短语甚至句子。句子形成之后，又可以与其他句子形成语篇（如对话），如此循环往复，人们就可以表达并传递越来越复杂的意义。

传统语言学（包括结构主义和形式语言学）在分析上述

短语时则可能首先把它切割成若干个单词，并通过词汇规则来研究这些单词，然后再研究整个短语的表现。这样的做法当然可以得出一些结论，但它没有看到组成部分之间以及组成部分与整体的关联，所以有一种只见树木不见森林的感觉，得不偿失。通过上述分析，我们可以发现各语法单位之间没有明确的界限，所以我们反对把语言切割成不同部分来研究的做法。

前文主要是从复杂度（即构式的大小，complexity）的角度论述了构式之间的差异，除了这一维度，认知语法认为各个象征单位（或者说构式）之间还在如下几个方面存在不同：图式度（schemacity）、固化度（entrenchment）、规约度（conventionality）。其中图式度指构式的抽象程度，认知语言学持语言使用观（usage-based），认为人们在语言使用的过程中会忽略细节并逐渐抽象出一些图式性的意义，此类意义一经成型就会对未来的语言活动具有指导意义，这种指导意义主要体现在两个方面：首先是例示（instantiation），即新的使用范例对已有图式是一种阐释（elaboration），比如英语中存在的"-er"图式性构式，表示执行某个行为的主体，单词"reader"则是对该构式的详细阐释。其次就是扩展（extension），即新的用法不像前一种情况那样与图式构式完全相符，图式性构式允许它在一定的范围内与之不同，如在很多语言中都存在的双宾语构式。研究表明，该构式最初主要产生于表示传递意义的动词中，随着传递义使用频率的增加，该意义逐渐从具体的动词中抽象出来，从而形成一个抽象的构式义，该意义则可以允准某些非三价动词进入双宾构式[1]。如：

（1）Sam baked me a cake.

我们知道单词bake并非三价动词，通常情况下它只是二价动词，即预设着一个烤蛋糕的人以及蛋糕，但在构式义的作用（文献中称为"构式压制"）下它也可以临时性地进入双宾构式，并突显传递义。但这种压制也是有条件的，并非所有的非三价动词都可以受到构式压制。在上述传递事件中，bake是传递行为发生的前提，如果我们要送别人一个蛋糕，我们首先要烤出这个蛋糕才行，运用转喻思维，人们就可以通过前提来激活整个送蛋糕的过程，由此我们可以看出二价动词bake能进入双宾构式的原因是因为它可以激活传递行为。

固化度指特定构式在单个说话人心中的熟悉程度和使用频率，这在语言学习者中体现得尤为明显，如在学习一个新的单词时，由于学习者对该单词的熟悉程度不高，因此每次使用它时都需要耗费较大的认知努力（cognitive effort），但随着使用频率的提升，该单词逐渐在人的大脑中固化（entrenched），其使用则完全不需耗费任何认知加工自动出现，此时我们就认为它在人的大脑中取得了单位地位（unit status）。如婴儿在学习招呼语"你好"时，常需要父母的提醒和示范，但随着使用频率的升高，他也可以像成人一样

---

[1] A. E. Goldberg: *Constructions: A Construction Grammar Approach to Argument Structure*, Chicago & London: The University of Chicago Press, 1995.

脱口而出。规约度指构式在语言社团中约定俗成的程度[1],比如以前人们经常称一些娱乐场所为"X馆",如"茶馆、麻将馆",但现在人们则倾向于使用"X吧",如"酒吧、水吧",由此我们可以说构式"X吧"的规约度逐步提高,而"X馆"的规约度则逐步消减。

上述四个维度分别从不同的方面阐明了构式之间的差异。其中复杂度更多出于共时层面的考虑,后三个角度对构式的考察除了具有共时属性,还具有历时属性(即对语言单位演变过程的关注)。但无论如何都可以发现,这四个维度实质上都是一个程度问题,在它们的作用下区分出来的象征单位(或构式)并无质的不同。在上述四个维度的作用下,各类构式在人们心中呈现出一个有序的结构(structured inventory),或者说连续体。但很明显,在不同维度作用下形成的连续体是不同的,通过复杂度主要可以形成"词汇—句法—语篇"连续体;通过图式度主要形成"具体—半具体—半抽象—抽象"的构式连续体,如下列构式的图式度就是逐渐递增的:

(2) I eat an apple everyday.
X eat an apple.
X eat Y.
X V Y.

---

1 刘玉梅:《基于多重传压的现代汉语新词语构式研究》,四川大学博士学位论文,2010年。

同样地，个人对语言单位的熟悉过程也可以被视为一个连续体，而通过规约度则可以产生"新构式—半规约构式—完全规约构式"这一连续体。比如"山寨"一词新的用法在2008年左右产生，当时其规约程度不高，在使用该词时仍会引起人们的注意，很多人甚至为了彰显自己的时髦会刻意使用该词。但随着时间的推移，现在人们会不经意地就使用它，这说明该词语在语言社团中的规约化程度越来越高。至于它是否会成为完全规约化的构式还有待时间来检验。除了构式具有规约程度的不同，其实语义也具有规约程度的不同，这实质上也是语言学家划分语义学和语用学这两个学科的理据。只不过传统的做法是直接在它们之间划分明确的界限，这种做法忽略了意义的动态变化，其实有些语用义通过转换也会逐渐在语言社团中规约化为构式的语义。比如"白宫（White House）"本来表示美国总统所居住的地方，但通过转喻思维（地方代表机构转喻）它被用来表示美国政府，现在这一意义在人们心中已经完全固化，因此我们才能经常看到白宫又发表了何种声明之类的报道，却完全不会有任何疑义。这表明"白宫"的"美国政府"义在人们心中已经足够规约化。

通过上面的分析可以看到，"连续体"这种新视角不仅可以涵盖典型的语言现象，也能更好地分析一些中间的灰色地带，如此一来，语言研究的范围和解释力大大扩展。但由于篇幅限制，我们无法对所有的连续体现象进行详细研究，本书主要从构式的复杂度这一维度来关注"词汇—句法—语篇"连续体，尝试用隐喻、认知参照点和象似性三种认知模式来对上述现象做出统一解释。下文将对上述三个认知模式进行简单回顾,在此基础上着重论述其与本书相关的内容。

第二节 隐喻

隐喻在认知语言学的重要地位毋庸置疑。认知语言学正是发轫于莱柯夫和约翰逊(Lakoff & Johnson)[1]对隐喻的革命性论断。

事实上,对隐喻的研究可以追溯到古希腊时期,当时在城邦制统治下的希腊先哲们思维开阔,喜欢对某个事物的属性进行反复争辩,而学者们发现争辩中最有力的武器之一就是隐喻,因此隐喻又被誉为重要的比喻(master trope),对希腊哲学思想的发展具有重要的作用。但此时学者们主要在修辞学(rhetoric)的范围内讨论隐喻,他们发现隐喻是对两个事物的隐性对比(implicit comparison)。而明喻(simile)则是显性对比(overt comparison)。比如同样是用人和狮子进行对比,隐喻性的表达则为"他是一只勇猛的狮子",而明喻性的表达则应为"他像狮子一样勇猛"。

尽管如此,隐喻仍和转喻一样被普遍认为是修辞手段(flowery language),被认为是一种特殊的语言现象,正常的语言(literal language)与隐喻无关,因此隐喻并没有被纳入语言学或者思维层面的研究范围。其实在认知语言学产

---

[1] G. Lakoff & M. Johnson: *Metaphors We Live By*, Chicago: The University of Chicago Press, 1980.

生之前学者们探讨的研究都主要是相似性隐喻（resemblance metaphor），也即此类隐喻的产生是建立在被比较的事物之间具有某种相似性的基础之上的。如上文中"他"和"狮子"之间的相似之处"勇敢"；再如很多人把"字典"比喻成"砖头"，这是因为两者在外形上极为相似，此处的比喻在莱柯夫和特纳（Turner）的书[1]中被称为意象隐喻（image metaphor）。可以看到当时人们对隐喻研究的范围及其作用的认识都极为有限。

在《我们赖以生存的隐喻》（*Metaphors We Live By*）这本书中，莱柯夫和约翰逊[2]猛烈抨击了传统的隐喻观，极具革命性地提出隐喻不止是一种修辞手段，更为重要的是它是一种根本性的思维模式（a fundamental way of thinking）。换句话说，语言中之所以有隐喻表达，是因为我们是以隐喻性的方式进行思维的，因此此书把隐喻称之为概念隐喻（conceptual metaphor），并通过大写单词的每个字母来表明其在思维层面的作用，人们经常使用的"空间为时间"的隐喻就被写成"TIME IS SPACE"。并且隐喻并非只言片语式地存在于语言中，它充斥在我们生活的方方面面（pervasive in everyday life），可以毫不夸张地说，如果没有隐喻我们就无法实现复杂的交流。

转喻与隐喻都涉及本体（vehicle）和喻体（target），区

---

1 G. Lakoff & M. Turner: *More Than Cool Reasons: A Field of Guide to Poetic Metaphor*, Chicago and London: The University of Chicago Press, 1989.

2 G. Lakoff & M. Johnson: *Metaphors We Live By*, Chicago: The University of Chicago Press, 1980.

别在于隐喻中的本体和喻体来自不同的概念域（conceptual domains），而转喻中的本体和喻体则往往属于同一概念域。在隐喻中，本体被称为源域（source domain），而喻体则被称为目标域（target domain）。源域一般是表示具体的并为交际双方所熟知的事物，目标域一般是较为抽象的概念，隐喻会把源域投射到目标域，听话人就可以通过具体的源域来理解抽象的目标域，从而实现理解和交际的目的。比如在概念隐喻"争论就是战争（ARGUMENT IS WAR）"中，战争是源域，它相对具体，而争论则是目标域，它较为抽象，通过该隐喻，我们可以很好地理解争论中的一些特征，如例（3）就是建立在这个隐喻中的一个例子：

（3）Your argument is very formidable.

在该句子中，说话人试图说明对方的立论难以被攻破，就用了争论是战争这一隐喻。在该隐喻中，论据被视为是保护对方论点的城堡，而如果要攻击对方的论点，就首先要打破论据，但由于对方的论据无懈可击，所以其论点也就很容易站住脚。总的来说，在隐喻中，我们一般都是通过源域向目标域映射，而非相反。隐喻的这种特点在文献中被称为隐喻的单向性（the unidirectionality of metaphor）。

从前文可见，传统的隐喻研究视野非常狭窄，他们仅关注相似隐喻。其实，隐喻不仅涉及两个事物之间的对比，更为重要的是它能够帮助人们建立概念结构。由此，认知语言学不仅大大拓展了隐喻的范围，并且也刷新升级了人们对隐喻作用的认识。上文提及，莱柯夫和约翰逊认为隐喻无处不在地存在于我们的日常生活中。与传统的隐喻研究相比，他们不仅关注相似隐喻，而且更关注日常生活中我们未曾意识到的隐喻现象，因为这些现象可以表明人们的隐喻思维是具有系统性的（metaphorical systematicity）。换句话说我们选择何种源域来描述何种目标域并非是任意的，而是具有一定的体验基础的。比如在概念隐喻"时间即金钱（TIME IS MONEY）"中，我们通过金钱来建构时间概念，这是因为和金钱一样，时间也是宝贵的资源，它可以被用来完成一些目标，正如金钱被用来换取一些商品一样。基于该概念隐喻，我们就可以像谈论金钱那样谈论时间，下面的表达式就源自于此隐喻（该例子摘自于莱柯夫和约翰逊[1]）：

（4）I don't have enough time to spare for that.
Do you have much time left?（存储）
You are running out of time.
How do you spend your time these days?
That flat tire cost me an hour.
I lost a lot of time when I got sick.（耗尽）
I've invested a lot of time in her.
You don't use your time profitably.
Is that worth your while?
You need to budget your time.（投资）
Put aside some time for pingpang.（分配）

1　G. Lakoff & M. Johnson: *Metaphors We Live By*, Chicago: The University of Chicago Press, 1980.

He's living on borrowed time.
Thank you for your time. （借用）
I don't have time to give you. （规划）

例（4）中的例子显示，人们在谈论时间时，往往借用了金钱的概念。并且有意思的是，这种借用并非是只言片语式的临时借用，而是具有很强的系统性。这种系统性主要表现在金钱的大部分属性都被投射到时间上，比如金钱可以存储，可以规划，可以投资，可以被一些事物耗尽，可以被主动分配，可以借用；在隐喻的作用下，时间也可以被存储、投资、规划、分配等。上述表达式在我们的日常生活中非常常见，由此也可以看出隐喻思维的作用绝非传统的修辞学家的"装饰性的语言"可以涵盖的。

尽管隐喻具有系统性特征，但这也并不意味着人们会把源域的所有属性都毫无保留地向目标域投射，在建构目标域这一概念时，人们往往会选择源域中与目标域极为相关的属性，而忽视一些不相关，甚至相冲突的属性，莱柯夫和约翰逊把前一行为称为突显（highlighting），后一行为称为隐藏（hiding）。以例（4）来说明，该例中金钱的大部分属性都被投射到了时间这一抽象概念中，但从客观上讲，两者是完全不同的事物，因此并非金钱的所有属性都能被用来理解时间概念，比如金钱即使被花了，但仍然可以重新挣回来，而时间则具有不可逆性，一旦过了，就永远都不再回来，任你花多少金钱都无法挽回。但在"时间就是金钱"这一概念隐喻中，人们选择突显时间作为一种宝贵资源可交换物品的这一属性，而隐藏了（或者说背景化）了其不可逆性，隐喻的这种特性被称为部分投射属性（the partial nature of metaphor）。综观隐喻的整个建构过程我们可以发现，隐喻的产生不完全是基于两个事物之间的物理相似性（physical resemblance），它在很大程度上取决于说话人如何识解两个事物，从而建构出某种相似性。我们把这种相似性称为涌现相似性（emergent resemblance），从而与传统的物理相似性进行区分。与物理相似性比较，涌现相似性的主观性更强。由于每个人的经验不同，他观察事物的角度就不同，根据认知语法，这种视角主要包括以下几个方面[1]：详略度（specificity）、辖域（scope）、背景（background）、视角（perspective）和突显（prominence）。每个人在观察事物时至少在以上几个维度都会展现出不同，据此很自然地他们通过观察得出的结论势必不同，因此不同的人完全可能创造出不同的隐喻。由此也可以发现，生成语法所提倡的客观主义语义观（Objectivism，语义反映客观世界）是站不住脚的，语言主要反映的是人的主观思维的过程（即认知），而非直接反映客观现实。如果语言在某些情况下与客观现实相符，那只是因为人的认知模式恰好准确地反映了客观世界，但这也是小概率事件，我们不能因此就说人的大脑是镜像反映客观世界的。在多数情况下，人由于自身的局限性（包括感知的局限和知识的局限）都很难接触到全部的客观现实，大家更多的是看到部分事实和扭曲的事实，正如康德所说的那句名言："We see things not as they are, but as we are."因此，

---

[1] 王寅：《认知语法概论》，上海：上海外语教育出版社，2006年。

通过对隐喻的研究，莱柯夫和约翰逊成功地打破了统治西方学术界多年的客观主义迷思（The Myth of Objectivism），让人们的目光从外部世界收回到人自身，更加关注自身的特点，在研究相关现象时更加注重考查人的认知特点的影响，为人本主义思潮的研究奠定了哲学基础。

不同的学者为了研究的方便对隐喻进行了不同的分类，此处不再赘述，具体可参加王寅[1]的研究。在此我们着重回顾莱柯夫和约翰逊[2]对隐喻的分类。他们把隐喻分为三种类型，分别是结构隐喻（structural metaphor）、方位隐喻（orientational metaphor）、本体隐喻（ontological metaphor）。其中，结构隐喻指源域所表示的概念结构可以系统地映射到目标域中，比如在前文提到的"时间即金钱"这一隐喻中，金钱的结构和属性被系统地投射到时间这一概念域上。又如在"人生是一次旅行（LIFE IS A JOURNEY）"这一隐喻中，旅行的结构也被用来建构人生这一概念。我们知道旅行中必须要具有旅行的人、出发点、中间停留的地方以及终点。旅行的人被投射成生活中的人，出发点是这个人出生的时候，中间停留的地方是人们在生命中进行的各种活动，终点则对应于人的生命终止的时刻。其实这个隐喻也是"TIME IS A PHYSICAL DISTANCE（时间是一段路程）"的一个子类型（subtype）。由此可见，结构隐喻最根本的特征在于一个概念的结构被用来建构

---

[1] 王寅：《认知语言学》，上海：上海外语教育出版社，2007年。

[2] G. Lakoff & M. Johnson: *Metaphors We Live By*, Chicago: The University of Chicago Press, 1980.

（structure）另一个概念的结构。

但与结构隐喻不同的是，方位隐喻中却是用一个概念来组织（organize）另一个概念，其中最典型的就是用表示方位的介词（比如上、下、中心、边缘等）来组织其他非方位概念。这类隐喻同样也是有体验基础（experiential basis）的。首先，由于地球引力的作用，我们的身体本身就是一个有方位的实体，以身体为参照点，我们可以区分出上下左右、前后里外的方位概念。以身体为基准，我们又可以去体验外部世界的方位概念，我们可以把应用在身体之上的方位概念映射到其他事物上，比如我们常会说"柜子的上方，山的前侧，河的右侧"等，这样就形成了一些基本的方位空间。由于方位空间在我们的日常生活中发挥着重大的作用，尤其是在原始社会，人们需要交流关于食物的具体位置就常需要用到方位词，所以方位词对人们思维模式的影响深刻。我们就很可能通过方位词来组织其他不具有物理方位的事物，比如价格、情绪、健康、权力等抽象概念，这样我们能更好地描述上述概念的具体属性，更便于交流。这里以权力为例说明方位隐喻，一般我们把具有权力的一方描述为占据高位的一方，如英语里就有这样的说法：

(5) She has control over me.

I am under her control.

例（5）在表示具有控制一方的时候用了介词"over"，在表示被控制一方时用了介词"under"。我们知道"over"表示一个事物位于另一事物的上方，而"under"表示一个事物在另一事物的下方。根据体验可知，当处于上方时，我们更容易鸟瞰整个局势，从而能更好地把控事物的发展，比如当两军交战时，处于上方位置的一方则更具有攻击力，这也是为什么古时候的流寇都会到高山上安营扎寨，这是因为高处可以守难攻，有"一夫当关，万夫莫开"的便利；而当我们位于下方时，我们的视野能看到的事物更少，这也使得我们更加被动，不太容易做出正确的抉择，这种不利的情形使得我们不太容易主动做出任何行为，因此容易被处于上方的人控制。对"上下"方位的上述体验使得人们倾向于用表示"上"的方位概念来表示有权力的一方，而用表示"下"的方位概念来表示受控制的一方。

基于上述观察，莱柯夫[1]提出了隐喻的一致性原则（The Invariance Principle of Metaphor）。该原则对隐喻映射做出了如下限制：

> 在源域向目标域映射的过程中，必须保留源域的认知结构，这种认知结构又必须与目标域的结构保持一致。（Metaphorical mappings preserve the cognitive topology, that is, the image schema structure of the source domain, in a way consistent with the inherent structure of the target domain.）

该原则规定了源域和目标域之间必须共享一些一致性的

1　George Lakoff: "The Contemporary Theory of Metaphor", in A. Ortony (ed.), *Metaphor and Thought*, 2nd edn, Cambridge: Cambridge University Press, 1993: 202-251.

特征，由此它在很大程度上就可以限制不合法的隐喻的产生。

最后一类隐喻就是本体性隐喻（ontological metaphor）。本体性隐喻可以帮助我们通过实体（即具体的物品）来理解一些非实体性的事物（如经历）。这类隐喻可以使我们更好地谈论、指称、范畴化一些抽象的概念，并在此基础上做出合理的推理。当然，本体隐喻的产生也是基于人们对一些具体事物的体验的基础之上的。我们的日常生活中充斥着各类离散性的实体（discrete entities），比如杯子、苹果、房子、汽车等。这类物体都有非常明确的边界，这使得它们相对容易控制，并且也容易对之形成一些认知判断。但客观世界中并非所有的事物都如上述事物那样是具有明确边界的个体，比如高山与其周围其他地理环境之间就没有明确的界限；又如颜色也并非是离散型的事物，我们平时所谈论的各类色彩之间（如相邻色黄和绿之间）就有很大的过渡地带。具体事物都有这种特征，遑论抽象事物，比如情绪就是看不见摸不着的，它没有具体的形状。这给人们的认知行为（包括概念化、推理等）造成了一定的困难。为了克服这类困难，人的认知特征使得我们对各类事物进行范畴化，对于那些没有清晰边界的事物，我们在认知中也会强加边界给它们，这种强加就是人们根据其与离散性实体互动的经验创造出的本体隐喻，因此本体隐喻的作用在于通过把非离散性的物体变成离散物体使之更容易被人类的认知操控。这也可能是亚里士多德创建的经典范畴化理论（the classical theory of categorization）[1]能流行这么长时间的缘故，因为人确实有给事物强加清楚边界的冲动。当然有这个心理冲动不代表这类范畴化理论就是符合客观事实的，这是两个不同的概念，不能混淆。

莱柯夫和约翰逊[2]又把本体隐喻细分为两类——实体和物质隐喻（Entity and Substance Metaphors），我们在上文中举过一些把非离散性物体实体化的例子。此处再给一个著名的实体隐喻的例子，那就是雷迪（Reddy）[3]所提出的管道隐喻（Conduit Metaphor），该隐喻认为语言就是传递人们（包括说话人和写作者）的思想和情感的通道，这是如下表达式得以成立的缘由：

（6）Whenever you have a good idea practice capturing it in words.

You have to put each concept into words very carefully.

Try to pack more thoughts into fewer words.

Insert those ideas elsewhere in the paragraph.

Don't force your meanings into the wrong words.[4]

1　该理论认为一个范畴是由一组充分必要条件构成，事物之间的边界是清楚的。

2　G. Lakoff & M. Johnson: *Metaphors We Live By*, Chicago: The University of Chicago Press, 1980.

3　Michael Reddy: "The Conduit Metaphor: A Case of Frame Conflict in Our Language about Language", in A. Ortony (ed), *Metaphor and Thought*, Cambridge: Cambridge University Press, 1979.

4　http://grammar.about.com/od/c/g/Conduit-Metaphor.html.

在上述例句中，人们把想表达的意思以及语言分开，认为两者是不同的事物，这虽然与认知语言学的基本语言观（认为语言表达即为人们的概念化的过程）不相符合，但它反映了普通人对语言和思想之间关系的认知（a folk knowledge of language），即思想通过语言这一管道得到传播。实体和物质隐喻可以使人们更好地对抽象事物进行认知操作，包括指称、量化等。如：

（7）We are working towards peace.

（8）It will take a lot of patience to finish the book.[1]

本体隐喻中所包含的第二类隐喻是容器隐喻（container metaphor）。容器隐喻把非容器的事物（比如视野、情绪、事件、时间等）视为一个容器，使其有边界。如：

（9）In the holiday season, people feel like going to have some enriching entertainment.

（10）The bus is coming into/out of my view.

（11）I sprinkled my ankles in exercise.

（12）She is in a great mood now.

1　G. Lakoff & M. Johnson: *Metaphors We Live By*, Chicago: The University of Chicago Press, 1980.

上述例子中，介词"in"的使用表明人们是把介词后面的名词所表示的事物视为容器：例（9）把一段时间视为容器，在这段时间内发生的事则被视为在容器里的事物；例（10）把"我"的视野喻为容器，公交车既可以进入这个容器，也可以从这个容器中位移出去；例（11）把事件当成容器，在这个事件内发生的事则是容器内的事物。值得注意的是，由于这个句子中包含两个事件，一个是锻炼，另一个是崴脚，但前者所跨越的时间长度大于后者，因此前者是后者发生的背景（background），而后者则是在前者衬托下产生的前景（foreground）。例（12）中则是把某一段心情喻为容器，把处于该情绪的人视为容器里的事物。

值得注意的是，容器隐喻也具有很强的体验基础。首先我们的身体就可以被视为一个容器，它被皮肤包裹着，与外界是隔绝的。并且每个人在出生之前，都在母亲的子宫中被包裹着，所以我们对边界的体验是很强的。另外，我们所生活的外部世界其实也有很多容器，比如我们所住的房子，我们经常从里面出去，然后又进去，这种"里外"的感觉不断得到强化，它就可以对我们的思维模式发生深刻的作用。于是人们就把这种具有"里外"的边界概念投射到另一些不具有明显边界的概念上，这样就可以帮助我们更好地对之进行认知操作（如推理、指称等）。因此莱柯夫和约翰逊[1]反对那些把产生很久，人们习以为常的隐喻用法称为"死隐喻（dead metaphor）"的观点。他们认为长时间地为人使用的

1　G. Lakoff & M. Johnson: *Metaphors We Live By*, Chicago: The University of Chicago Press, 1980.

隐喻表明它们具有很强的体验基础,在我们的生活中发挥了巨大作用,这只能说明它们具有极强的生命力。

本体隐喻中的最后一类隐喻是拟人隐喻（personification）。顾名思义,拟人隐喻是将事物（包括无生命的事物和有生命的动植物）赋予人类的特征。拟人隐喻的体验基础是人以自身为出发点来理解非人世界（nonhuman world）,认为其他事物也具有人的特征,比如能说话,能思考,具有某种意图等。如:

（13）地震残酷地夺走了人们的生命。
（14）我的电脑跟我有仇,它老是死机。
（15）进化论告诉了我们"适者生存"的道理。

例（13）中,"地震"被视为一个夺走人们生命的凶手,非常残酷;例（14）中,"电脑"被喻为故意跟说话人作对的人,具有像人一样的仇恨的情感;例（15）中达尔文的进化论则被当成一个说话人,可以向人们宣传某种信息。

当然,语言中也存在拟物隐喻,也就是把人喻为物体。如:

（16）他就是个榆木疙瘩。
（17）他是一个工作机器。

但是拟物隐喻的数量远不及拟人隐喻,因为人对自身更为熟悉,更倾向于把自己的特点投射到其他事物上。这充分说明人在认知世界时是以自我为中心的，也恰好与康德的那句"我们不是客观地看待事物，而是根据我们自身的特性来看待事物（We see things not as they are, but as we are）"不谋而合。

前面的分析表明，隐喻是通过把具体的源域中的属性向目标域投射从而帮助人们建构目标域的概念。那我们不禁要问，人的大脑是如何决定源域的何种属性被映射到目标域？比如下例[1]：

(18) The price of shares is going up.
She got a low score in her exam.

例（18）的产生是以"数量是垂直高度（QUANTITY IS VERTICAL ELEVATION）"这一隐喻为基础的。我们知道数量与高度相比较为抽象，高度更直观，所以此处我们是通过高度概念来建构数量概念。但问题在于，我们是应该将较高的高度映射到较大的数量，抑或者是将较高的高度映射到较小的数量上？上面的例子显示人们选择的是前者。为什么人们会做出这一选择呢？莱柯夫和约翰逊[2]认为这是由我们的身体体验所决定的。根据身体体验，在其他条件都相同的情况下，较高的高度通常蕴含着较大的数量，比如往一个固定的容器里装沙子，沙子的数量越多，它在容器中所形成

---

1 Vyvyan Evans & Melanie Green: *Cognitive Linguistics: An Introduction*, Edinburgh: Edinburgh University Press, 2006.
2 G. Lakoff & M. Johnson: *Metaphors We Live By*, Chicago: The University of Chicago Press, 1980.

的高度就会越高。正是基于这样的体验，才可能产生前文所提到的隐喻，因此莱柯夫和约翰逊认为隐喻的产生是有体验基础的。它并非像传统修辞学研究所说的那样只需要源域和目标域在物理层面上具有相似性。据此，认知语言学发展出自己的哲学基础——体验哲学（Experientialism/Embodied Philosophy）。体验哲学与形式语言学的哲学基础——客观主义有很大的差异，客观主义强调客观世界对人的重大影响，而忽略了人的认知对客观世界的加工；当然体验哲学也不完全赞同主观主义把人的主观能动性推向极端的做法，它无视客观规律，把头脑中的模式视为思维第一性的东西，并试图让客观实际服从于这种模式[1]。体验哲学结合吸收了客观主义和主观主义的精华部分，摒弃了其中的糟粕部分，既强调客观世界对人的认识活动的重大影响，也强调人的心智世界并不能镜像式地反映外部世界，必须要依赖于人对空间和自身身体的体验。

我们知道，人类的语言是心智活动的产物。那么心智活动（或者说认知）的上述特点势必也要受到人的体验的影响，所以认知语言学的基本原理就自然而然地形成了，它可以总结为：现实——认知——语言。

根据该原理，语言是基于人对外部世界的体验而形成的，在此过程中人的认知模式起了极为关键的作用，本节所论述的隐喻也是人的一种重要认知模式。根据上述原理，人的隐喻思维是语言层面的隐喻现象产生的根本原因。因此，

---

[1] 王寅：《认知语言学》，上海：上海外语教育出版社，2007年。

通过对隐喻的研究可以看到，语言是植根于人的身体体验的；这直接反击了形式语言学的"天赋论"，语言并非天生的，而是人在后天的身体体验的基础上，通过人类的一般认知模式加工形成的。此外，语义结构可以反映概念结构，因此通过研究语义结构我们可以洞悉人类的思维模式。这也是认知语言学研究的重大实践意义之一。

既然隐喻如此重要，加之上一节已论述"词汇—句法—语篇"连续体的存在，根据认知语言学的基本原则"现实——认知——语言"，那么该模式势必会在语言的各个层面产生作用，这种作用的范围则应该包括各类大小的语言单位，具体来说则是词汇、句法和语篇几个层面。因此，我们如果能证明语言的这几个层面都受隐喻的影响，那么我们也就可以说明语言的这几个层面虽看似不同，实则由同样的认知模式产生，词汇—句法—语篇连续体的假设也因此可以得到验证。

第三节　认知参照点

本节将回顾对认知参照点（Cognitive Reference Point）的已有研究。认知参照点是基于物理中的参照点现象提出的。物理中的参照点指在机械运动中人们设定一假设不动的物体，并由该物体作为基准参照其他运动物体。可以看到，此处的参照点就是人们视觉感知的一个基本特征，换句话说物理中的参照点本质上关注的是人们视觉加工的过程。实际上，这种加工的模式不仅在视觉感官中起着重要作用，在人们的认知层面也同样有重要影响。格式塔心理学（Gestalt Psychology）的创始人之一马克斯·韦特海默（Max Wertheimer）将其引入心理学的研究中，提出有些"理想的种类"会充当感知中的参照点[1]。这一理论得到认知心理学家的发展，如罗西（Rosch）[2]就通过实验证明了范畴中原型成员是人们认知非原型成员的参照点。这些研究都说明认知参照点是一种重要的认知方式。根据认知语言学"现实——认知——语言"的基本假设，这种认知模式对语言应该具有重要影响，因此在研究语言时必须要把该模式考虑进去。

首先把参照点理论引入语言学研究的是兰盖克（Langacker）[3]。他为认知参照点（Cognitive Reference Point）[4]提出如下定义：

> 在固定的辖域中，人们通过一个事体在心理上建立与另一事体联系的认知能力。（The ability to invoke the conception of one entity for purposes of establishing mental contact with another.）

---

1 赵永峰：《基于RAB的现代汉语动前构式合动谓构式的认知研究》，四川大学博士学位论文，2013年。

2 Eleanor Rosch: "Cognitive Reference Points", in *Cognitive Psychology*, 1975 (4): 532-547.

3 R. W. Langacker: *Foundations of Cognitive Grammar, Descriptive Application*, Vol. Ⅱ, Stanford: Stanford University Press, 1991.

4 R. W. Langacker: *Foundations of Cognitive Grammar, Descriptive Application*, Vol. Ⅱ, Stanford: Stanford University Press, 1991; R. W. Langacker: "Reference-point Construction", in *Cognitive Linguistics*, 1993(4): 1-38.

换句话说，在参照点模式中，人们首先激活参照点（突显的事体），然后通过它认识目标（不太突显的事体），该参照关系可通过下图表示：

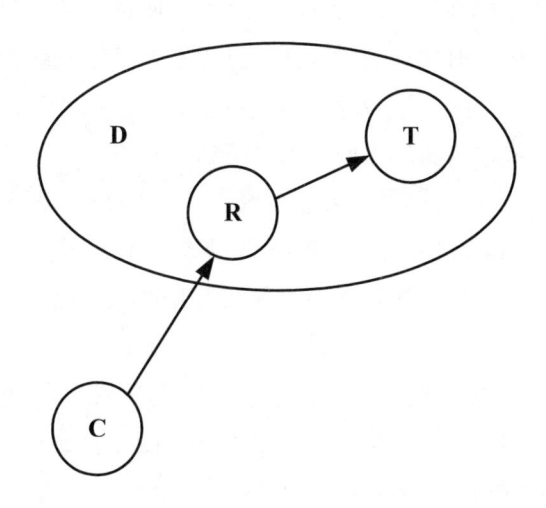

在上图中，C代表进行概念化操作的主体（conceptuliser），R代表认知参照点（reference point），T代表目标（target），D代表辖域（dominion）。该图表示认知主体通过某个辖域中的参照点为途径来认识目标。通常情况下，参照点都是认知主体认为在该辖域中最突显（most prominent）的事物。此处举个例子说明：

（19）张三的妹夫的哥哥就是这个公司的老板。

在这个例子中，说话人想要向听话人介绍这个公司的老板，因为他预设听话人对该公司的老板不熟悉，且听话人有强烈的欲望了解这一信息。而"张三"则是说话人和听话人都共同熟悉的，他又与该公司的老板有某种联系。因此说话人选择"张三"作为参照点来引导听话人认识目标——公司的老板。但这种参照点认知过程不是一蹴而就的，说话人首先通过"张三"引导听话人认识目标"妹夫"，然后，"妹夫"就作为新的参照点引导听话人认识下一个目标"哥哥"，"妹夫"在这个参照关系中最为突显；随之，"哥哥"又从目标变为参照点引导听话人认识下一个目标"老板"。由此可见，该句子中的参照点和目标形成了一个参照点的链条，引导人们认识最终的目标"公司的老板"。这种参照模式非常常见。上述分析表明，与物理中的参照点一样，语言中的参照点也并非固定不变，而是会随着环境的变化不断调整。

兰盖克[1]提出，参照点是一种无处不在的认知能力，只是多数情况下人们并未意识到它的存在（below the threshold of explicit attention）。兰盖克主要用认知参照点模型分析了英语中的所有格（possessives）现象，比如：

（20）my watch; her cousin; your foot; the baby's bib; his rook; our host; their group; Sara'office; the book's weight; your anxiety; our neighbourhood; its

---

1　R. W. Langacker: "Reference-point Construction", in *Cognitive Linguistics*, 1993(4): 1-38.

location; my quandary; Lincoln's assassination; Booth's assassination; their candidate; my bus; the cat's fleas[1]

文献中主要由两种方式处理上述现象。第一种方式是通过规定一个所有格的原型意义（prototypical meaning），然后认为其他不太典型的意义是通过隐喻延伸出来的。兰盖克认为这种处理方式有两个问题：首先，我们很难确定到底何种意义是更为基本的非隐喻性意义，也即源域；其次，在例（20）中，很多意义并不能视为领属义隐喻延伸，比如在"the cat's flea"这一短语中，跳蚤只是临时性地寄生在猫身上，但我们并不能因此说猫就拥有跳蚤；此外，在"Lincoln's assassination"中，林肯是被害人，他对整个事件毫无控制力，所以我们也很难说林肯是谋杀的所有者。

处理所属格的第二种方式是通过把领属义概括至（generalize）"联系义"，此种模式认为只要两个事物之间存在某种联系，我们就可以使用所属格。虽然这种说法可以概括并解释例（20）中的所有例子，但问题在于既然有联系的事物都可以用所有格，那为什么我们要采用例（20）中所呈现的方式，而非相反，比如在"the baby's bib: the cat's fleas"这类结构中，为什么不能说成"the bib's baby; the fleas' cat"？换句话说，仅凭联系义仍无法解释所属格中呈现的不对称现象。

兰盖克则提出，上述两个方式中所产生的问题都可以

---

[1] R. W. Langacker: *Grammar and Conceptualization*, Berlin/New York: Mouton de Gruyter, 1999.

在认知参照点模式下得到解决。他认为,所有的所有格现象都可以解释为两个有关系的成分中,一个成分(通常为所有者,possessor)被用来激活另一个成分(通常为所有物possessee),因为前一个成分比后一个成分的突显度更高。通过认知参照点就可以很好地解释所属格现象中的不对称问题。这主要是因为处于前面的名词所表示的事物比后面的名词所表示的事物更为突显,所以它更容易成为认知参照点来引导人们认识后一个事物。因此所属格中的不对称现象其实本质上是由认知参照点中的不对称现象所导致的。比如为什么人们倾向于用"Lincoln's assassination"而非"assassination's Lincoln",这主要是因为与暗杀相比,林肯的突显度要高很多,他给美国人民带来了很多实质性的变化,比如废除奴隶制度,通过战争使南北美国成为一个统一的整体,而他最终被谋杀的结局与上述事件相比并不那么突显,这种突显度的不同导致我们更容易表达成"Lincoln's assassination",而非相反。

另外,与隐喻分析不同,兰盖克没有给所有格现象设定一个原型意义,相反,他通过设定好几个概念基型(conceptual archetypes)[1](兰盖克概念基型指在日常生活中反复发生的几种基本身体经验[2],与莱柯夫和约翰逊所说的基本身体体验类似)来概括所有格的意义。这些概念基型包括领属关系(ownership)、亲属关系(kinship)、部分整体关

1　R. W. Langacker: *Grammar and Conceptualization*, Berlin/New York: Mouton de Gruyter, 1999.

2　R. W. Langacker: *Foundations of Cognitive Grammar, Descriptive Application*, Vol. Ⅱ, Stanford: Stanford University Press.

系（part/whole relationship）。由此，通过上述几类意义就可以引申出其他意义，所有格的意义从而就构成了一个网络。这种处理办法可以涵盖所有格的全部意义，比隐喻分析更有优势。据此，兰盖克提出在英语的所有格结构中，标记"'s"就突显（profile）了一个参照点关系。在此类结构中，参照点是路标（landmark），而目标则是射体（trajector）。因为整个结构是为了突显目标而非参照点，虽然在该结构产生之初参照点的突显度较高。综上，认知参照点的分析模式不仅避免了隐喻分析的意义单一所引起的循环论证的问题，同时也能很好地解释所有格中的不对称现象。可见它比传统的两种方法都具有解释力。

根据兰盖克[1]，认知参照点主要有两种表现模式，这两种模式主要是基于索绪尔[2]对语言的横向切分和纵向切分产生的。索绪尔认为所有的语言成分都处于一个关系网中，这种关系有两种表现形式：一个是横组合关系（syntagmatic relations），另一个是纵聚合关系（paradigmatic relations）。其中横组合关系指一个单位和同一序列中其他单位的联系；而纵聚合关系则指语言结构中某一个位置上具有某种相同作用并且可以相互替代关系的语言单位。

认知参照点也可以从上述两类关系中得到分类，兰盖克所研究的上述所有格现象则属于在语言横向组合角度的认知参照点现象，该层面的研究关注语言的线性流动，即上一语

---

1 R. W. Langacker: *Grammar and Conceptualization*, Berlin/New York: Mouton de Gruyter, 1999.
2 F. de. Saussure著，高名凯译：《普通语言学教程》，北京：商务印书馆，1996年。

言单位对下一语言单位的参照作用，比如在所有格现象中，所有者对所有物的参照作用；第二种模式则是从语言的纵向聚合关系来研究的，即该层面则关注语言单位之间的替代关系，比如：

（21）The coach is going to put some fresh legs in the football game.

该例子想表达的意思是教练将要引入一些新的队员，但在句子中，说话人却用"一些新的腿（some fresh legs）"来替代新队员。这是因为在足球这一运动项目中，腿发挥的作用最为重要，所以对于足球运动员而言，腿是最突显的。此处说话人正是通过用人最突显的部位来替代整个人，从而实现了既突显重要部位，又指称整个人的目的。这是一个以部分来代替整体的认知参照点现象，也就是近年来学者们研究得较多的转喻现象（metonymy）的一个重要体现。

对转喻的研究也是由来已久，它最初是出现在拉丁文献中[1]，也是在修辞学的范畴中得到关注。与隐喻一样，此时人们认为转喻是一种修辞手段，它是人们在描述难以命名的事物时借用与之相近、相邻的事物来表达，以使听话人更容易理解的一种现象。沿着这一思路，传统的修辞学也认为转喻是一种修辞手法，表示一种替代关系。可见对转喻的传统研究停留在语言层面。

1　转引自李福印：《认知语言学概论》，北京：北京大学出版社，2008年。

但随着认知语言学的兴起，人们逐步意识到转喻不仅是一种语言现象，更为重要的是它和隐喻一样是一种思维模式，对人们的认知推理起着重要的作用。基于其思维本质，认知语言学把它称为概念转喻（conceptual metonymy），比如：

（22）She was a pretty face.

在这个例子中，说话人通过"漂亮的脸蛋（pretty face）"来指代一个漂亮的人。这显然是一个转喻现象，但这类转喻现象并非只是停留在语言层面，它源于我们思维层面的转喻特征。对于一个人而言脸应该是最具有识别度的，当我们想要给一个人画像或者照相时，我们通常会选择脸部，而不会只选择其他部位（比如腿部）。这说明语言中选择"脸来代替整个人"并非空穴来风。基于此，莱柯夫和约翰逊[1]指出，语言层面的转喻是其在思维层面的体现，对语言层面转喻的研究决不能与其在思维层面的作用脱节。

根据莱柯夫和约翰逊的定义[2]，转喻指通过一个物体来指称另一个与之相关的物体的现象（metonymy is using one entity to refer to another that is related to it），换句话说就是用一个物体替代另一个物体的现象，但同时他们也指出转喻可以促进人们的理解。比如在例（21）中，当说话人说教练

1　G. Lakoff & M. Johnson: *Metaphors We Live By*, Chicago: The University of Chicago Press, 1980.
2　G. Lakoff & M. Johnson: *Metaphors We Live By*, Chicago: The University of Chicago Press, 1980.

要引进一些"新的腿"时,强调的不仅是新的人,更为重要的是他想强调这些新的人必须有很好的腿脚功夫,如此才能胜任踢足球这一工作,由此,转喻的使用可以促进人们对说话人意图的理解。通过上文的叙述可知,隐喻中,本体和喻体之间分属不同的概念域,一般而言本体较为具体,而喻体较为抽象;但与隐喻的不同之处在于,转喻中本体和喻体都属同一个概念域,因此莱柯夫和特纳(Lakoff & Turner)[1]指出转喻中本体和喻体之间的映射发生在同一认知域中,而非跨域中(Metonymy mappings occurs within a single domain, not across domains)。克罗夫特(Croft)[2]也表达了类似的意思:只是他把概念域的范围扩展至概念域矩阵(domain matrix),所以他提出转喻映射通常产生于同一认知矩阵中,不涉及跨矩阵映射。

根据不同的研究目的,学者们对转喻进行了相应的分类。截至目前,对转喻的分类最为全面的当属雷登和柯维克斯(Radden & Kovecses)的分类[3],根据本体和喻体之间的关系,他们主要把转喻分为两类[4]。第一类转喻中,本体和

---

1 G. Lakoff & M. Turner: *More Than Cool Reasons: A Field of Guide to Poetic Metaphor*, Chicago and London: The University of Chicago Press, 1989.

2 William Croft: "The Role of Domains in the Intepretations of Metaphors and Metonymies", in *Cognitive Linguistics*, 1993(4): 335-370.

3 Gunter Radden & Zoltan Kovecses: "Toward a Theory of Metonymy", in Klaus-Panther & Gunter Radden (eds.), *Metonymy in Language and Thought*, Amsterdam/Philadelphia: John Benjamins, 1999.

4 转引自李福印:《认知语言学概论》,北京:北京大学出版社,2008年。

喻体之间是整体与部分之间的关系；第二类则是在一个概念域中部分之间的转喻现象。这两类转喻又可细分为许多子类型。其中，第一类转喻则包括七个子类：第一子类为事物与部分之间的转喻，这一子类又可细分为两类，包括整体指代（stand for）部分（也即传统修辞学中的提喻，synecdoche）以及部分指代整体转喻。如：

（23）他被狗咬了。
（24）The car needs to be washed.
（25）让我们热烈地欢迎来自五湖四海的兄弟。
（26）世界上不存在放之四海而皆准的真理。
（27）We need some fresh blood in the company.

在例（23）中，百科知识告诉我们，咬他的不是整个狗的每一部分，仅仅是狗的牙齿部分对它实施了攻击，并且狗在咬他的时候也不太可能使用所有的牙齿，可能只是外面几颗牙齿；另外，此处的"他"也是转喻性的用法，因为一般情况下狗的牙齿不可能对他的全身的每一个部分进行攻击，可能只会咬他的腿，但有意思的是我们通常不会表达得如此精确。如：

（28）他的右脚跟的表皮被狗的前面四颗牙齿咬了。

上面这个句子很少出现的原因在于这样的交际太没有效

率，也没有必要。而且一般人也没有兴趣了解狗到底是如何进行攻击的，以及在攻击的过程中到底使用了哪几颗牙齿。除非是警察在办案的过程中，才会需要明确这些细节。同样，在例（24）中的汽车是整体代替部分的转喻性的用法，因为我们知道，洗车通常是洗车身部分，车内的很多部件是不能也不需要清洗的，但是为了指称方便，说话人就简单地说汽车需要清洗。在例（25）中，我们知道五湖指洞庭湖、鄱阳湖、太湖、洪泽湖、巢湖，而四海分别指我国的渤海、黄海、东海、南海。当时在创造这个词语时，说话人受到认知的局限，认为上述湖泊和大海就代表了整个中国最为重要的地方，于是他们就用"之"来指代全中国，表示全国各地，这就是典型的以部分取代整体的转喻。随着"五湖四海"使用频率的增加，人们逐渐将"之"简化为"四海"，而其意义也得到扩展，不仅表示全中国，而且表示全世界，比如例（26）中的"放之四海"就表示全世界的任何地方。例（27）中的新鲜血液（fresh blood）也同样是典型的通过部分来指代整体的转喻。血液是人的重要组成部分，在此说话人通过血液来代替人。当一个人的血液老化时，整个人会非常低沉、缺乏活力，而当输入新鲜血液时，他会更加活跃。因此通过这一转喻，说话人既起到了指称人的作用，同时也强调希望这样的人能给公司带来新的活力，比如达到有更多创新、做事效率更高的效果，可谓一举两得。

第一类转喻中的第二子类转喻为标量转喻（scale metonymy）。标量指由标量单位构成的整体，它包括一个上限，也包括一个下限。这类转喻中我们既可能通过标量中的上限或下限部分来代替整个标量，也可能通过整个标量来代替上限或下限。如：

（29）He is speeding again.
（30）How old are you?
（31）你多大了？

"speed"本来表示速度，它由"低速——中等速度——高速"这样一个标量构成，但在例（29）中，它却只表示"高速"，所以这是一个通过整体标量来代替标量中的上限的转喻现象。汉语口语中也有类似的用法，比如当一个人想催促另一方时，就会说"速度、速度、速度"，其实就是想让对方加快做事的节奏。例（30）中，"old"表示年龄中的较大值，也即年龄标量中的上限，但此处它的意思是询问对方的年龄，并且在询问过程中并不预设对方年龄的大小，也就是说该表达式既适用于年纪较大的群体，也适用于年纪较小的群体。所以它就是通过标量中的部分（具体来说是上限）来替代整个标量的用法。同样，汉语在询问对方年纪时也常使用标量中的上限来替代整个标量的转喻。我们很少用标量中的下限来替代整个标量，这么用时一般都是有标记的用法（marked usage），要表达额外的意义。比如当我们问一个人的年纪用"你多小啊？"这个句子时，一般就预设着我们认为对方的年纪尚小，只是不确定具体小到何种程度。在表示事物的尺寸时我们也常会通过上限值来代替整个标量，如汉语中就存在如下表达：

（32）这个房间有多宽/高/长？

我们却很少说:

(33)*这个房间有多窄/矮/短?

语言中的这种现象被称为不对称（asymmetrical phenomenon in language）的用法[1]。

第三子类的转喻是构成转喻（constitution metonymy）。事物是由材料或物质组成的整体，因此在构成类转喻中，事物与其组成的材料之间具有相互替代的可能。换句话说，事物可以替代其组成材料，组成材料也可以替代由其组成的事物。如：

(34) As he plucked the steel away, …
(35) 结婚时，他送给她三克拉的钻戒。

例（34）中的"steel"本来表示制作剑所使用的材料"钢"，而此处在句子中它则用来转指由它组成的成品"剑"，因此，这是材料指代成品的转喻；而例（35）中，"三克拉"这一重量单位表示制作成品"钻戒"所使用的材料"钻石"的重量，因此在这里"钻戒"是被用来代替"钻石"，这是成品替代原材料的转喻。

第四子类转喻是事件转喻（event metonymy）。一个事件常可以细分为若干子事件，而子事件和事件整体之间则常会

1　沈家煊：《不对称和标记论》，南昌：江西教育出版社，1999年。

出现相互替代的转喻现象。比如：

（36）I can speak English.

这句话表达的意思是"我"懂得英语，而我们知道懂得某种语言至少包含听、说、读、写、译这几项基本技能，这里则是用"说"这一技能来代替上述五项技能的转喻现象。这是因为在上述几种技能中，"说"的突显度最高，其他几项技能，若非刻意展示，很难为人察觉。

第五子类转喻是范畴及其成员之间所形成的转喻（category and member metonymy）。一个范畴通常由若干个成员组成，由此，范畴和成员之间常会形成互相代替的转喻，比如我们常会用阿司匹林来代替"止痛药"这一范畴。

第六子类转喻是范畴及其特征之间的转喻（category and property metonymy）。每个范畴都有自己的典型特征，比如我们常以肤色来划分不同的人种，因此在提到特定人种时，我们常以其肤色来指代，比如"the white, the black"等。

第七子类转喻是缩减转喻（reduction metonymy）。这类转喻主要表现在语言层面，即我们常用语言的一部分来替代整个语言表达式，比如在汉语里面我们通过"社科项目"来转指"教育部人文社会科学项目"；通过"三从四德"[1]来指代封建礼教下的女子必须遵从的约束。在当下的流行语中也充斥着类似的现象，比如很多人常用"网红"来代替"网络

---

[1] 三从指未嫁从父、出嫁从夫、夫死从子；四德指妇德、妇言、妇容、妇功。

红人"，这种用法一方面可以节省时间，提高交际效率，另一方面原文中的一些敏感词汇也可以得到避免。英语里面也有类似的用法，比如我们通过"The US，The UN"来分别表示"The United States of America（美利坚合众国）"和"The United Nation（联合国）"。到此第一大类中的七类子转喻就全部介绍完毕，我们可以看到它们其实都涉及整体与其组成部分之间的相互替代的转喻。

与第一大类转喻不同的是，第二类转喻则主要是整体的组成部分之间的相互替代的转喻。此类转喻又可细分为九个类别，下面一一论述：第一子类是行为转喻（action metonymy）。一个行为的发生涉及时间、地点、施事、受事、工具以及行为本身等因素，这些因素之间往往可以形成相互替代的转喻。如：

（37）We jumped into the room.

（38）John authored his third book this summer.

例（37）中，动词"jump（跳）"是主语"we（我们）"进屋的方式，但此处却用该方式来替代位移这个行为，因而它是方式代替行为转喻（MANNER FOR ACTION），是行为域内部要素相互替代类转喻；例（38）同样如此，"author"原本表示"作者"的意思（也即施事），但此处却用它来代替施事自身的行为，因此它是生产者代替生产行为的转喻（PRODUCER FOR PRODUCT）。可以看到，词类的句法性质的转变主要是由行为转喻造成的。

第二子类则是感知转喻（perception metonymy）。该转喻中主要是人的感知器官和感知事物之间的相互替代。如：

（39）There goes my knee.

（40）It was quite a sight to see.

例（39）想表达的意思是我的膝盖很疼，但说话人却用感知部位"my knee（我的膝盖）"来转指被感知的对象"疼痛感"；类似的是，例（40）中也是通过感知器官来转指感知到的事物，即通过视觉来指代其看到的美景。

第三子类是因果转喻（causation metonymy）。顾名思义，该类转喻表示两个具有因果关系的事物之间的相互转指的现象。如：

（41）She has a healthy complexion.

（42）This is a slow road.

例（41）实际上想表达"她的身体很健康"，其中"气色很好（a healthy complexion）"实际上是由她的健康带来的，因此说话者在此用的是结果来代替原因（RESULT FOR CAUSE）；同样例（42）中，"缓慢的道路（slow road）"，实际上是说此处交通状况不好，这是结果，它可能代替的是诸如路况很差，人们不遵守交通规则，车辆很多等原因。

第四类子转喻是生产转喻（production metonymy）。生产活动涉及生产者、产品、工具、产地、名称等要素，我们把这些要素之间存在的相互替代关系称为生产转喻。比如：

（43）服务员，给我来二两枝江。

（44）你开的是福特，我骑的是永久牌，我们之间的差距不是一点半点啊。

（45）我喜欢听莫扎特。

例（43）中，"枝江"实际上是一个地点，但由于这个地方生产的酒特别出名，因此人们就常用该地名来代替产品（酒）。例（44）中涉及两类转喻，其中"福特"表示汽车的生产商，该生产商在整个生产活动中特别突显，因为他创立了世界上第一个也是最大的汽车公司，所以人们常直接把其生产的产品命名为福特。该例中的"永久牌"是中国自行车生产公司所生产的自行车品牌，所以此处是用产品名称代替产品的转喻。在20世纪七八十年代的中国，自行车是高档代步工具。当时这个牌子是人们梦寐以求的，很多女士在婚嫁中就要求男方必须买一辆这样的自行车。但随着国人生活水平的不断提高，在当代，自行车的象征地位一落千丈，随之一起落魄的还有这些当时盛行的自行车品牌。如今开汽车的被认为是经济条件较好的，而以自行车为出行工具的则一般被认为是经济条件较差的。又如例（45）中，说话人其实想表达的是我喜欢听莫扎特所创作的音乐，而非喜欢莫扎特本人。由于莫扎特本人在音乐史上的突出地位，所以人们也常用他本人来指代其作品，由此就产生了"生产者代替产品（PRODUCER FOR PRODUCT）"的转喻。类似的现象还有很多，比如著名的文学家就经常被用来代替他们的作品。

第五子类转喻是控制转喻（control metonymy）。在控制关系中，控制者和被控制者之间往往可以相互代替。如：

（46）奔驰走下车来，给大家散了一支烟，并问了一下附近的交通状况。

（47）布什打败了萨达姆。

例（46）中的"奔驰"本来表示汽车品牌，非常高端，引人注目，这种突显性盖过了其操作者，因此此处说话人用它来代替控制它的人，即开奔驰的人，这是一个被控制者替代控制者的转喻。与此相反的是，例（47）中，布什和萨达姆都曾是国家的首脑（分别是美国和伊拉克），他们控制着国家的军事、经济等命脉，国家未来的发展在很大程度上都取决于领导者的领导方式是否合理，他们在整个国家中最具突显性。因此当我们想表达美国的军事力量战胜了伊拉克时，则倾向于用操控这两国国家的领导人来代替整个国家，感觉两个国家的较量更像是两个国家领导人之间的较量，这就是典型的控制者代替被控制者的转喻。通过上面的分析可以看到，选择何种类型的转喻在很大程度上取决于在固定的概念域中，谁的突显程度更高。当然这种突显度也不是固定不变的，而是动态的。比如在奥运会中，当一个队员战胜另一队员，我们常常会说"在这场羽毛球比赛中，中国队轻松战胜了美国队获得晋级"，实际上此时是来自中国队的队员打败了来自美国队的队员，但因为在奥运会赛场上，队员们都代表国家参赛，所以此时国家的突显度高于个人，尽管此时控制权掌握在参赛人手中，我们也要选择被控制者来代替控制者。

第六子类转喻是所属转喻（possession metonymy）。所属关系包括所有者和所有物，他们之间也可以形成转喻关系，比如：

（48）在面对爱情和金钱时，她选择了爱情。

例（48）中的"爱情"和"金钱"分别代表能给她提供"爱情"和"金钱"的那个人，因此这是所有物取代所有者的说法。每个人对自己的伴侣都有不同的要求，而这种要求主要体现在对方能为你提供何种选择上，此时所有物比所有者更为突显。另外，我们也常通过拥有者来指代拥有物，例如一个人开车与朋友见面，他可能会向朋友在电话中描述自己车子的颜色和样式：

（49）Do you see the black Benz. That's me.

这里就是通过"我（me）"来指代我的车，也即所有人代替所有物的转喻。

第七子类转喻是容器转喻（containment metonymy）。该类转喻则涉及容器及其所容纳的内容物之间的相互替代关系。比如汉语中就有如下表达：

（50）水壶开了。

其实，这里的"水壶"是代替其中的"水"的，因为正常情况下，只有水才会沸腾，水壶是不会沸腾的。这类表达式产生的原因可能是因为相较而言，容器比容器中的内容物更为可见，也因此更具突显性。

第八类转喻是地点转喻（location metonymy）。在该类转喻中，地点通常被用来代替位于该地点的人或事物等。

（51）整个中国都在为申请奥运会成功而庆祝。

在上述句子中，"中国"其实代表的是中国人，这是典型的"地点代替居住于在这个地方的人（LOCATION FOR THE INHABITANTS）"的转喻。

第九类转喻是符号和指称之间的转喻（sign and reference metonymy）。细究起来，这类转喻包括两小类转喻：第一种是符号转喻（sign metonymy），它是通过符号（主要指语言符号）来代替它所表示的概念，如我们通过"树（tree）"来表示［树/tree］这一概念（本书沿用兰盖克[1]用方括号来表示概念意义的做法）；第二类转喻则是指称转喻（reference metonymy），此类转喻是通过语言符号或者概念来指代客观世界中实实在在存在的事物，比如我们通过语言系统中的"树（tree）"以及概念系统中的［树/tree］来指称客观世界中的"树"。由此可见，这两类转喻只是存在于不同的层面，一个在思维层面，一个在现实层面，实质都是类似的。可以想象，如果连此类现象都能被纳入转喻的研究范畴的

1　R. W. Langacker: *Foundations of Cognitive Grammar: Theoretical Prerequisites*, Vol. 1, Stanford: Stanford University Press, 1987.

话，转喻在我们的生活中发挥的作用就非常巨大。难怪很多学者认为转喻的作用可能比隐喻还大，他们提出我们应该说"我们赖以生存的转喻（Metonymies we live by）"，而非像莱柯夫和约翰逊所说的"我们赖以生存的隐喻（Metaphors we live by）"。

最后一类转喻也是存在于符号层面，它是修改类转喻（modification metonymy）。此类转喻就是用语言符号的修改形式来代替其原初的形式，比如在英语中人们经常用"effing（表示该死的）"来指代"fucking"。又如：

（52）Did you hear me?
Yes, I did.

这里的动词"did"是用来代替"I heard you."这一句子。

通过上述回顾可见，无论是哪一类转喻，本质上都是通过在同一概念域中建立起部分与整体，或者部分与部分之间的替代关系。莱柯夫和约翰逊[1]提出，与隐喻一样，转喻也并非是只言片语式地存在于语言中，语言中的转喻表达主要源自人们的思维所呈现出的转喻特征，它具有系统性（systematicity），也即它们是系统性地存在于我们的大脑中的，它帮助我们组织思路，指导我们的行为。比如在生产类转喻中，我们常用生产者代替产品，正如前文所叙在"我喜

1　G. Lakoff & M. Johnson: *Metaphors We Live By*, Chicago: The University of Chicago Press, 1980.

欢听莫扎特"这一句子中，我们不仅是在谈论莫扎特所谱写的音乐，我们还会把这些音乐与莫扎特个人联系起来，如他对艺术的理解、他在音乐中所使用的典型技巧，以及他想在音乐中所表达的爱恨情仇等。所以同隐喻式的表达一样，转喻式的语言形式蕴藏着许多内容，它可以作为参照点激活我们对整个概念域的认知。转喻思维的这种系统性使得语言中可以产生很多"生产者代替产品"的转喻。只是由于这些活动都处于潜意识层面，我们并未意识到。但正因如此，才显示出转喻思维对我们行为的深刻影响。据此，莱柯夫和约翰逊[1]提出，与隐喻一样，转喻的产生也不是凭空的，而是有其深厚的体验基础的（grounded in our experience）。如上文论述的生产者代替产品这一转喻主要是因为两者之间具有因果关系；又如，部分可以代替整体是因为部分在此类关系中最为突显。因此转喻的产生也是有其认知理据的（cognitively motivated）。

兰盖克[2]发现，转喻是由两种相互矛盾的力量作用而成的：第一是表达精确的需求（the need to be accurate）。若要表达精确就需要表达式尽可能地描述事物的特征，这样就可以减少人们之间的误会；但我们不可能一味地追求表达精确的目标，因为如此一来就需要较多的语言表达式，交际效率降低，比如上述例（28）这样的句子就很少出现。第二个力量则主要是由语言表达的经济原则所驱动的，该原则要

---

1 G. Lakoff & M. Johnson: *Metaphors We Live By*, Chicago: The University of Chicago Press, 1980.
2 R. W. Langacker: "Reference-point Construction", in *Cognitive Linguistics*, 1993(4): 1-38.

求我们通过最少的语言单位来传递最多的信息。因此影响转喻的第二个原则就是最高突显的原则（the greatest cognitive salience），即人们倾向于讨论并思考一个概念域中最为突显的部分。因为最突显的部分最具代表性，也更容易激活不太突显的部分，这样就可以提高交际效率。但同时我们又不能只顾交际效率而不顾交际的准确性，要综合考虑两个因素的作用。在这两种力量的作用之下，一个普遍被接受的转喻应该既是概念域中最为突显的部分，又能很好地激活并引导人们认识目标。所以转喻的使用也并非任意的，受到各种因素的影响，它需要在诸多的因素中取得某种平衡。

兰盖克对认知参照点的开创式研究引发了学术界对该现象的研究热潮，研究者们纷纷用该模式来解释语言现象，比如话题结构[1]、双主语结构[2]、偏正结构[3]、汉语中的名物化现象[4]、有字句[5]、语篇衔接[6]等。上述通过认知参照点所解释的语言现象具有以下三个优势：首先，基于认知参照点模式的

1　R. W. Langacker: *Grammar and Conceptualization*, Berlin/New York: Mouton de Gruyter, 1999.
2　Kumashiron Toshiyuki & R. W. Langacker: "Double-subject and Complex-predicate Constructions", in *Cognitive Linguistics*, 2003(14).
3　刘宁生：《汉语偏正结构的认知基础及其在语序类型学上的意义》，载《中国语文》，1995（2）：1—89。
4　高航：《参照点结构中名词化的认知语法研究》，载《汉语学习》，2010（3）：17—27。沈家煊、王冬梅：《"N的V"和"参照—目标"构式》，载《世界汉语教学》，2000（4）。
5　张翼：《参照点处理对概念内容的限制："有字句"的证据》，载《外国语》，2012（3）：2—12。
6　王寅：《认知参照点与语篇连贯》，载《中国外语》，2005（6）：17—22。

研究比以往的研究更具解释力，比如认知参照点对名物化的研究不仅可以解决前人已经解释过的问题，还能解决一些悬而未决的难题。其次，很多传统研究范式中无法解释的难题，在认知参照点模式的照应下得到了有效解决，比如赵永峰[1]就用认知参照点模式，通过提出ISVO的认知参照点模型很好地处理了汉语中的"双主语问题"。最后，上述现象在传统的研究范式下是被作为完全异质（heterogeneous）的语言现象来处理的，但在认知参照点模式下，它们得到了统一的解释。这种处理模式有一种拨云见日的透彻感，让人们能从芜杂的语言现象中抓住人的认知模式这一根源，从而使认知语言学的概括性承诺（The Generalization Commitment）在认知参照点模式下初步得到实现。

但不得不指出的是，虽然上述研究看似已经涵盖了词汇、短语、句法和语篇等各语言层面的现象，但实际上，认知参照点对各个层面的研究是不均衡的。从目前的情况来看，无论是在汉语还是英语的研究中，多数研究仍局限于挖掘该模式对句法和词汇的作用，而对认知参照点语篇的组织作用的研究相对较弱。我们认为这种状况不利于发掘认知参照点的解释力，研究者应该更好地理解该模式对语篇的组织作用，这样才能从真正地兑现概括性承诺。本书的成书目的之一正是朝该方向努力，通过展示认知参照点在各语言层面中的重要作用，我们想表明该能力对语言的重要作用，认知语言学的基本原则"现实——认知——语言"是站得住脚的。

1　赵永峰：《基于RAB的现代汉语动前构式和动谓构式的认知研究》，四川大学博士学位论文，2013年。

第四节　象似性

对语言是否具有象似性的争论由来已久，大致可以追溯到古希腊时期[1]，古希腊的哲学家柏拉图就在其《对话录》（*Cratylus*）中记载了人们对这个问题的争论。有些人认为名称和事物之间存在着自然的联系，而另一些人则认为名称和事物之间的联系完全是人们共同规定的，一般前者被称为唯实论，后者被称为唯名论。比如古希腊的赫莫根尼（Hermogenes）就是唯名论的代表，他认为事物的名称具有任意性，人们怎么称呼事物都是正确的，不存在按事物的本质（或本性）给事物命名的现象，至于到底选择何种语言形式是人们按照习惯和协商等方式共同决定的。除此之外，古希腊时期的亚里士多德也是这一观点的著名代表。与此观点相对的"唯实论"则认为人们是按事物的本质和真实知识来称呼事物的，词汇与其所表示的事物之间存在着一种根本性的联系。持这一观点的学者包括柏拉图、印度著名语言学家盘尼尼（Panini）等。比如柏拉图认为命名是模仿的艺术，人们所说的一切都是用来说明事物的本质的，他甚至提出名称可以揭示事物本质的观点。这个争论从古希腊时期一直延续到希腊化时期、古罗马时期和中世纪，直至索绪尔时期。索绪尔凭借他的《普通语言学教程》[2]奠定了其现代语言学之父的地位。在这本书中，他把"任意说"发挥到了极

1　王寅：《认知语言学》，上海：上海外语教育出版社，2007年。

2　索绪尔著，高名凯译：《普通语言学教程》，北京：商务印书馆，1996年。

致，提出语言是一个符号系统，由能指（signifier）和所指（signified）两部分组成。其中，能指表示音响效果（sound image），而所指表示概念。基于对语言的上述二分的做法，他提出语言具有两个根本性的特征：首先是语言的线性特征（linearity），也即我们在表达时只能一个词一个词地说，而不能同时说出好几个词；其次就是语言的任意性特征，能指与所指之间不存在必然的逻辑关系，二者的关系是任意的。比如我们为什么把［苹果］命名为"［ping guo］（此处用拼音表示音响效果）"，并非因为两者之间有必然的联系，而只是因为人们自古以来都是这么约定的而已。著名的文学家莎士比亚的诗句就经常被用来阐释能指和所指之间的任意性的观点：

（53）What's in the name? That which we call a rose
By any other name would smell as sweet.

这句话的意思翻译成中文即是"在那个被称为玫瑰花的名字中有什么？即使把它的名字换成别的任何名字，玫瑰花都同样地芬芳如故"。

由于索绪尔个人的巨大影响力，使得任意性得到迅速的传播和发展。然而在发展过程中却出现了一些纰漏：首先是对能指和所指的内涵和外延的扩大。上文指出索绪尔的能指表示音响效果，而所指表示概念。他同时指出，无论是能指还是所指都是"非物质的"而是"纯心理的"：语言符号所包含的两项要素（即能指和所指）都是心理的，而且由联想的纽带连接在我们的大脑里[1]。但学者们[2]很快发现把语言仅归结于心理层面的现象有所不妥,过于狭隘。比如在语音层面,一个词除了声音表象,还有发音表象以及发音行为的肌肉形象。基于这一认识,很多学者开始发展这一对概念,逐步把它们分别扩展为"语言的表达形式"和"意义"。但这种扩展导致索绪尔所说的语言的"任意性"原则的适用范围也得到极大的扩展,很多学者就直接把这一原则运用到语言的"形式"和"意义"之间的关系上,认为它们之间的关系是任意的。这种不加区分的扩展是危险的,有过度概括(over-generalization)的嫌疑。

此外,从上面的分析也可以看出,索绪尔主要是从词汇层面来论证语言符号的象似性,但语言不只包括这一层面,从前文可以看出,它还包括句法和语篇层面。王寅从共时和历时两个层面,综合考察了词汇—句法—语篇层面发现,任意性只在语言的很小的范围内存在,我们很难据此说语言的根本特征就是任意性。如果仅仅从词汇层面出发就宣称语言具有任意性,未免有点以偏概全,并且目前的研究也表明,即使在词汇层面也并非完全地具有任意性。

认知语言学则主要通过发展象似性(iconicity)来反对索绪尔的任意说,它认为语言结构与人对现实的认知结构之间

---

[1] 索绪尔著,高名凯译:《普通语言学教程》,北京:商务印书馆,1996年。
[2] 王寅:《认知语言学》,上海:上海外语教育出版社,2007年。

具有相似性[1]。

象似性一词源自美国实用主义者、符号学的创始人之一的皮尔斯（C. S. Pierce）[2]对符号学的研究中。他把符号分为三类：象征符号（symbol）、索引符号（index）和象似符号（icon）。其中象征符号指形式和意义之间的关系具有任意性的符号，比如上文提到的［苹果］与［ping guo］的关系就是任意的。索引符号是指符号与被符号表征的对象之间存在的一种因果或邻近的关系，符号因此能够作为指引对象存在的线索。比如当我们看到房顶冒出滚滚浓烟，就会意识到房子可能着火了，此处的"烟"就是一个索引符号；又如地图上通过不同的方式来表明不同的地点和建筑，这些符号也是向人们展示何处具有某物的索引符号。象似符号指形式与意义之间存在某种程度的相似性（similarity）（比如人的照片及肖像画与本人之间的相似关系）。另外，皮尔斯把象似性的研究从词汇层面推进到了句子结构层面，发现句子结构和客观世界之间具有某种相似性[3]。皮尔斯的这一符号三分法为语言的象似性研究奠定了基础。

---

1 F. Dotter: "Nonarbitrariness and Iconicity: Coding Possibilities", in Landsberg (ed.), *Syntactic Iconicity and Linguistic Freezes: The Human Dimension*, Berlin: Mouton de Gruyter, 1995.

2 Peirce, C. S.: *The Philosophy of Peirce*, New York: Harcourt, Brace, 1940.

3 转引自F. Ungerer & H. J. Schmid: *An Introduction to Cognitive Linguistics*, Beijing: Foreign Language Teaching and Research Press, 2001。

皮尔斯[1]又根据符号的复杂程度把象征符号分为三类，分别是影像符号（imagic sign）、图示符号（diagrammatic sign）和隐喻符号（metaphorical sign）。其中，影像符号指符号与其所表达的意义之间在视觉或听觉上具有某种相似性。根据感知器官的不同，影像符号又可分为听觉类影像符号和视觉类影像符号。听觉类影像符号最典型的例子是拟声词（Onomatopoeic Words），如英语中就有"miaow, hiss, crack, giggle, bang"等拟声词，前三个单词分别模仿的是猫、蛇以及鸭子的叫声，后两个则分别模仿一种特别的笑声（傻笑）和物品相互碰撞的声音。视觉类影像符号主要体现在文字系统中，尤其是诸如汉语象形文字中，比如"日、月、川、火"等文字就与它们所表示的实物之间具有某种程度的相似性。隐喻符号指符号与其所表达的意义之间具有隐喻关系，比如人们说"这个人是一个狐狸"，是因为这个人的智力与狐狸的智力之间具有某种相似性，因此我们可以实现以此物喻彼物的目的。图式符号指符号的形式与其所表达的意义之间具有相似的结构或关系。图式符号的运用范围非常广，它既可以解释文字的意义，也可以解释句法结构。前者主要体现在其对象形文字的解释上，如汉语中通过"木，林，森"来表现树木的多少构成的事物之间的差异。但目前图式符号运用得最多的则是对语法结构的解释上。

尽管皮尔斯的研究给我们了重要的启示，但通过回顾其对象似符号的研究可见，他的研究仍局限在符号与客观现实

1　C. S. Peirce, Paul Weiss & Charles Hartshorne: *Collected Papers of Charles Sanders Peirce (2): Principle of Philosophy*, Cambridge, Mass: Harvard University Press, 1932.

之间的相似关系的层次上，也即探寻符号与客观世界之间的相似之处。这显然没有把人的认知因素考虑进来。根据认知语言学的"现实——认知——语言"的基本原则，语言作为一种符号是受到人对客观现实的认知模式的影响的，皮尔斯的研究则恰恰忽略了人的认知因素在符号形成过程中的作用，因此是不全面的。根据认知语言学的基本原则我们可以说语言层面的象似性主要源自语言对人类认知模式的一种模仿，而非对客观外界的简单模仿。由此在皮尔斯研究的基础上，认知语言学使得象似性研究更加契合实际，更加注重挖掘人的认知的作用。

认知语言学中对象似性的研究以海曼（Haiman）[1]为先导，他提出语言就是一种图式符号（Languages are like diagrams of our peception of the world, corresponding with them as well as other diagrams do in general.）。在皮尔斯研究的基础上海曼[2]对图式符号所呈现的象似性又做了进一步的发展。他区分出了三类，分别是同构（isomorphism）、自同构（automorphism）和动因（motivation）。其中，同构指图式符号的能指和所指之间具有一一对应的关系，换句话说，图式符号中的每一个点与之所代表的事物结构中的每一个点对应，或者说同构。海曼[3]还据此提出了同构假说：不同的形式总是蕴含着意义或交际功能的不同；如果相同的形式一再出

---

1 John Haiman: "Natural Syntax: Iconicity and Erosion", in *Alienation in Language & Sarcasm*, 1985.
2 张敏：《认知语言学与汉语名词短语》，北京：中国社会科学出版社，1998年。
3 John Haiman: "Natural Syntax: Iconicity and Erosion", in *Alienation in Language & Sarcasm*, 1985.

现在不同的语法范畴之间，则这种形式上的相同则反映了意义或交际功能上的相似。这个假说其实就暗含着一个形式对应一个意义的意思。但是语言中确实存在很多"一个形式对应多个意义"的现象，海曼对此的解释是这是经济原则作用的结果。当语言能做到一个形式对应一个意义时，交际的准确性（accuracy）就可以得到保证，但问题在于这样的后果是语言系统会显得特别庞杂，会给人的认知提出极大的挑战，并且也会使交际效率受挫。为了提升交际效率，减轻认知负担，经济原则就会发生作用，从而产生语言表达式的多义现象。海曼认为经济原则对象似性就有消磨的作用，很多我们看起来不具有象似性的表达式是因为其该类特性在经济原则的作用下被磨蚀掉了。由此，语言是准确性和经济性共同作用的结果。此外，在同构象似性中，一一对应的关系存在于两个或多个部分中。比如在前文提及的空间关系中，"上"一般表示较有优势的位置，"下"则表示较为被动的位置。人们对这种空间结构关系的感知会投射到社会地位、时间等其他领域中，一般而言，投射后"上"仍表示事物较好的一面，而"下"则表示事物较差的一面。比如在社会关系中，人们常把处于较高社会地位的人称为"上等人，人上人"，把较高社会地位的人之间所形成的圈子称为"上流社会"；而把处于较低社会地位的人称为"底层人民"，把品性不端的人称为"下贱人"等，把由较低社会地位的人所形成的圈子称为"底层社会"。第三类图式符号象似性则为动因，它表示图式符号的构成元素之间的关系与其所代表的事物之间的关系相同，具体在语言中，动因指语言结构的组成成分与其所指称的事物或概念的构成元素之间的关系是同构的。

在海曼研究的基础上，吉旺（Givon）[1]提出了三类图式符号的规则，包括数量象似性（quantity principle）、距离象似性（proximity principle）和顺序象似性（sequence principle）。到目前为止这三类象似性是学界研究得最透彻的。其中数量象似性（也被称为复杂象似性）指语言形式的复杂程度与其所表达的概念的复杂程度之间具有象似关系。也就是说，我们倾向于用简单的语言形式来表达简单的概念，通过复杂的语言形式来表达复杂的概念。这类象似性在语言的各个层面都有所体现：首先是在词汇层面，简单的词汇形式总是表达较为简单的概念，而词汇的复杂形式表示的意义往往比简单形式所表示的意义更丰富，比如英语的名词若要表示复数的概念时，就需在原有形式上加"s"；同样，动词若要与不同的人称进行搭配以及表达不同时态时也需要变换形式，如果是一般现在时中的第三人称单数则需加"s"，如果是过去时则需加"ed"。当然最为明显的例子是形容词和副词的比较级和最高级，它们与原形形式一起表示某种属性的不同程度，一般而言，程度最轻的（原形）形式最简单，程度较重的形式比原形复杂，程度最重的形式最为复杂。当然，并非每种语言都像印欧语系那样有发达的标记来表示概念的复杂程度，但可以想见的是，在标记系统不发达的语言中，简单形式所表达的意义一般也要比复杂形式要表达的意义简单，并且可以推论的是，如果复杂形式未被标

1　Talmy Givon: "Isomorphism in the Grammatical Code-cognitive and Biological Considerations", in Raffaele Simone (ed.), *Iconicity in Language*, Amsterdam: John Benjamins Publishing Company, 1994, pp. 47-76.

记（unmarked），简单形式也一定未被标记，绝不存在简单形式有标记而复杂形式无标记的情况。这个推论是有语言类型学的相关支持的，比如格林伯格（Greenberg）[1]就曾提出关于名词单复数的推论：复数在所有的语言里都用某种非零形式的语素表示，而单数在有些语言仅用零形式表示，双数和三数几乎从不采取零形式。在上述概念中，单数是最简单的，而复数、双数和三数都是相对较复杂的概念，因此单数是最可能采取零形式的（即不加任何标记）。当然也可能存在上述概念都有标记的情况，如拉脱维亚语就是如此；但即便如此，拉脱维亚语中的单数标记也比表示复数的标记更为简单[2]。绝不可能存在一种语言单数是有标记的，而复数、双数和三数是没有标记的。

除了词汇层面，句法层面也存在数量象似性，我们可以简单地把句法层面的象似性总结为：在其他因素相同的情况下，较长的句子比较短的句子所表达的意义更复杂。如：

（54）He is tall.

He is very tall.

He is the tallest man in the town.

我们可以看到尽管三个句子表达的都是"他很高"这一

---

[1] Joseph H. Greenberg: "Some Universals of Grammar with Particular Reference to the Order of Meaningful Elements", in Greenberg (ed.), *Universals of Language* (second edition), Cambridge, Mass.: MIT Press, 1966.

[2] P. H. Marttew: *Morphology*, Cambridge: Cambridge University Press, 1991.

概念，但随着句子长度的逐渐增加，句子被赋予了越来越丰富的内涵，也即信息量越来越大。最后则是语篇层面，虽然把数量象似性运用到语篇层面的研究并不多见，但我们认为语篇层面也会体现数量象似性。比如在介绍重要的以及新的信息时，作者一般会花费大量的篇幅。由于篇幅的限制，此处暂不举例，具体的分析可以参考本书的第四章。

距离象似性主要是运用到句法和语篇层面，因为单个的词不存在距离的问题。顾名思义，距离象似性认为语言成分之间的距离反映了它们所表达的概念成分之间的距离[1]。通过这句话我们可以推测，关系越近的概念成分在句法层面的距离就越近，关系越远的概念成分在句法层面的距离就越远。当然很多语言学家很早就注意到这一现象，比如贝哈格尔（Behaghel）[2]就提出在概念上靠近的成分在句法上也相邻（Elements that belong close together intellectually will also be placed close together syntactically），这被称为"贝哈格尔第一定律（Behaghel's First Law）"。海曼[3]给语言层面的距离作了如下一个形式化的说明：

（55）X＃A＃B＃Y

　　　X＃A＃Y

　　　X＋A＃Y

1　John Haiman: "Iconic and Economic Motivation", in *Language*, 1983, 59: 781-819.
2　https://en.wikipedia.org/wiki/Behaghel's_laws.
3　John Haiman: "Natural Syntax: Iconicity and Erosion", in *Alienation in Language & Sarcasm*, 1985.

X # Y
X＋Y
Z

在上述表达式中，字母代表语言成分，符号#代表每个独立个体词之间的界限，符号＋代表胶着语素（agglutination）之间的界限。在上面这个例子中，语言成分X和Y之间的距离逐渐减小，直至最后融合为一个合成词素（morph）Z。由此可以得到如下的结论：首先，两个成分之间相隔的语言单位越多，则它们之间的概念距离越远；其次，两个成分之间越独立，则概念距离就越大；最后，两个成分之间的组合方式越松散，则概念距离就越大，比如在上述例子中X＋Y所代表的距离肯定要大于Z。距离象似性也在语言的多个层面都有体现，首先是体现在词汇层面，语言类型学[1]的相关调查表明，如果派生词缀和屈折词缀都出现在词根的同一侧，那么派生词缀比屈折词缀更加靠近词根。这在距离象似性的视野下就可以得到很好的解释，我们知道派生词缀可以改变单词的属性，比如英语中的动词通过加入派生词缀er就可以变成名词；而屈折词缀无法改变词类的属性，它们只能增加一些附加的意义，如在名词之后加上表示复数的词缀s；很明显，影响大的词缀与词根在概念距离上就更紧密，这种紧密的关系在语言表层形式上就表现为更靠近的距离。在语言类型学研

1　J. H. Greenberg: *Universals of Language*, Cambridge: The MIT Press, 1963.

究的基础上，拜比（Bybee）[1]系统地考察了50种不同语言中各种词缀之间的距离，得到如下等级（hierarchy）：

（屈折）体＜时＜语气＜人称/数

在这个等级中，越靠近左侧的词缀与动词的概念距离越近，这使得它们与动词之间的句法距离也就越近；越靠近右侧的词缀与动词的概念距离越远，它们与动词的句法距离也就越远。这个等级表明了如下事实：在概念距离上，体标记比时态、语态和人称/数等标记更为靠近动词；时态标记又要比语态和人称/数等标记更靠近动词；语态标记要比人称/数标记更靠近动词。这就是导致不同标记在语言的表层形式与动词之间的距离的深层次原因。

距离象似性在短语层面同样有体现，比如与名词成分搭配的定语可分为限定性定语和非限制性定语（即描写性定语）。相较而言，限定性定语一般对名词的约束更大，也即其与名词之间的概念距离较近，所以它位于非限制性定语之前。而描写性定语内部又可以细分为"尺寸、材料、功能"等范畴，但不同的描写性定语与名词之间的距离不同，它主要遵循以下秩序：

大小＜新旧＜来源＜颜色＜形状式样＜质料＜功能

1　J. L. Bybee: *Morphology: A Study of the Relation between Meaning and Form*, Amsterdam: John Benjamins, 1985.

在这个序列中，越靠近右边的成分与名词之间的距离就越近，其实这种近距离就蕴含着它们与名词所代表的事物之间的概念距离。如果仔细观察就可以发现越是靠近右边的属性就越是接近事物的本质属性（defining properties），比如功能和质料，这类属性对事物到底为何物具有决定性的作用；而越靠近左边的属性则对事物的本质的决定作用就越小，比如"大小和新旧"，事物很少因为尺寸的原因从一个事物转变成另一个事物。除了定语的序列遵循着距离象似性，状语的序列也同样如此，一般而言，直接描述动词属性的状语更接近动词，间接描述动词属性的状语则与动词的距离较远，如：

（56）a. 他激动地大声地宣布自己考上了大学。
　　　b. *他大声地激动地宣布自己考上了大学。
（57）a. 他垂头丧气地一屁股坐在椅子上。
　　　b. *他一屁股垂头丧气地坐在椅子上。

在上述两个例子中，"大声地"和"一屁股"是直接修饰动词的，表示动作的程度和作用范围，所以它们与动作的关系更为紧密。"激动"和"垂头丧气"都表示主语的情绪，它们虽然在某种程度上可以间接地表示动作的某些属性（比如当人情绪激动时，他的行为程度可能更高；而当人垂头丧气时，其行为可能更加被动），但与直接表示行为属性的词相比，表示主语情绪的形容词与行为之间的距离更远，这种概念上的远距离则直接体现为语表形式上的远距离。

值得注意的是，此处垂头丧气是通过人的体态来转喻式地表达情绪的，这种转喻之所以成为可能是因为人的情绪与体态之间有因果关系。根据莱柯夫和约翰逊[1]对方位隐喻（orientational metaphor）的研究可知，"高兴是上，难过是下（HAPPY IS UP; SAD IS DOWN）"，这是因为人在高兴时更有激情，更容易向上运动（比如跳、蹦）；而人在悲伤时则对任何事情都失去了兴趣，更容易选择不做任何运动，因此我们的语言里就有如下的表达：

（58）他高兴地蹦起来了。
（59）他伤心地瘫倒在地。

我们基本不会说"他伤心地蹦起来了"。基于这样的认识"垂头丧气"才可能作为替代诸如"伤心、失望"等负面情绪的转喻，这是一种结果替代原因（RESULT FOR CAUSE）的转喻。

除了在词汇和短语层面，距离象似性对句法的形成也有重要的作用，一个著名的文献例句如下：

（60）a. John killed Bill.
b. John caused Bill to die.[2]

1　G. Lakoff & M. Johnson: *Metaphors We Live By*, Chicago: The University of Chicago Press, 1980.
2　John Haiman: "Natural Syntax: Iconicity and Erosion", in *Alienation in Language & Sarcasm*, 1985.

这两个句子表面上看似表达类似的意思，比如早期的生成语法学者[1]就直接把"kill"的语义分解为"cause to die"，认为两类结构可以进行同义转换。但大量的语言研究[2]表明，这两类结构所表达的语义并不相同，通常前者表示使役者（Causer）直接造成受役者（Causee）某种后果，而后者则表示使役者通过某种间接的方式造成受役者具备某种状态。因此在两个句子中，使役者和受役者之间的概念距离是不同的，其中例（60）a中，由于约翰直接导致比尔的死亡，因此他的句法距离与"比尔死亡"较近；而例（60）b中，约翰间接导致比尔死亡，因此他离"比尔死亡"就较远。除了词汇、句法，距离象似性在语篇层面也有体现，此处由于篇幅关系不再赘述，详见第四章的分析。

有研究表明[3]，人们在储存和记忆信息时都是按照某种自然顺序进行的。因为人们在进行认知操作时（比如记忆和推理）都会遵循省力原则，换句话说，我们想通过最小的努力获得最大的效果，而遵循自然顺序就是一种省力的方式。这就是顺序象似性产生的心理基础。顺序象似性认为语言描述的线性顺序与事件时间以及概念时间顺序之间具有象似性。其实，顺序象似性既包括时间顺序象似性，也包括空间顺序象似性。其中，空间象似性指人们按照固有的空间顺序描述

---

1 James McCawley: "Lexical Insertion in a Transformational Grammar without Deep Structure", in *CLS*, 1968(4).
2 Bernard Comrie: *Language Typology and Linguistic Universals*, Chicago: University of Chicago, 1980.
3 H. H. Clark: "Space, Time, Semantics and the Child", in T. E. Moore (ed.), *Cognitive Development and the Acquisition of Language*, New York: Acadamic Press, 1973.

事物。比如中国人在描述地点时常遵循从大到小的原则，在信封上填写地址时，我们常会填写"中国四川省成都市武侯区"，同样在向别人介绍自己的家乡时我们常会说"我是四川成都人"。但英语国家的人在这一点上则与我们不同，他们在描述地点时则遵循由小到大的规则。下列句子就体现了汉语和英语的这种差异：

（61）a. 苹果在厨房的柜子里的盒子的里面。
　　　　b. The apple is in a box that is in the cupboard of the kitchen.

可以看到中文在描述事物的位置是首先从大环境开始，然后逐渐过渡到小范围；而英语则恰好相反，它先从小范围开始逐渐扩大到大范围。这两种模式都是符合顺序象似性的，只是不同的民族因为习惯的不同采用了不同的认知策略。这种不同可能也反映了两个民族对自身和环境之间的不同认识：中国人更喜欢将自己放在一个大环境来看待，提倡"天人合一"的哲学思想；而英美国家的人则更重视个人的发展，因此他们在考虑问题时更倾向于从小处着眼，以小见大。与时间象似性的线性特征（linearity）不同的是，空间象似性更具灵活性，也即可以不必遵从某种固定的模式，它完全取决于说话人的观察视角。比如当说话人处于一个建筑的外部时，他就可能由外而内地描述这个建筑；而当他处于建筑内部时，他则更可能由内而外地描述。除此之外，我们还可能从左到右，从上往下式地描述。不过一旦说话人选择了某个固定的顺序之后，他就会尽量遵从这个顺序，这样才能增进听众的理解，并使得自己的话语更为连贯。但目前对顺序象似性的研究主要集中在时间象似性上。根据戴浩一（James Tai）[1]，时间象似性（Principle of Temporal Sequence）指两个句法单位的相对次序与它们所表示的概念领域里的状态的时间顺序具有象似关系。时间象似性最为著名的例子便是凯撒大帝所说的那句名言：

（62）I came, I saw, I conquered.

这三个分句的排列顺序受时间象似性的支配，它刚好是根据事件发生的前后来排列的。因为只有来了，凯撒大帝才可能看到；只有看到才可能激起他的征服欲，从而展开征服的行为。戴浩一发现，汉语相较于英语更加严格遵循时间象似性。汉语中大量地存在着反映时间象似性的句子，比如一些连动结构：

（63）a. 他乘飞机去北京。
b. 他去北京乘飞机。

可以看到例（63）中两个例子中的行为都是一样的，但由于两个句子中的行为出现的前后顺序不同，就造成了它们的意义截然不同。例（63）a中，"乘飞机"应该发生在"去北京"之前；而例（63）b中，"去北京"则应该发生在"乘飞

1　James Tai: "Temporal Sequence and Chinese Word Order", in John Haiman (ed.), *Iconicity in Syntax*, Amesterdam/Philadelphia: John Benjamins Publication Company, 1985.

机"之前。这充分说明汉语是遵守时间顺序象似性的。英语中虽然也有遵循时间象似性的情况，但并非严格遵守。比如：

（64）I must close the window before I go.
Before I go I must close the window.

可以看到在例（64）中，"before I go"无论是放在句首还是放在句尾，都不会改变句子的真值义（truth value）以及可接受程度。而汉语的语序就没有这种灵活性，试比较：

（65）a. 在出门之前关上门窗。
b. *关上门窗，在出门之前。

虽然都加上了时间介词"在……之前"，但这并不意味着在汉语中它可以随意改变自己的位置，例（65）中的第二个句子的可接受程度较低就说明了汉语语序的固定程度比英语语序高。戴浩一[1]基于上述现象提出汉语还遵循"时间范围原则（The Principle of Temporal Scope，PTSC）"，该原则要求汉语中时间跨度较短的成分应该排在时间跨度较长的成分之后。以例（65）来说明，从时长来看，"在出门之前"远远长于"关上门窗"，因此它应该位于"关上门窗"之前。戴浩一还把该原则由时间范围扩展至空间范围，认为在汉语中，不论在时间还是空间上，在语序上大范围成分总是

---

1 James Tai: "Temporal Sequence and Chinese Word Order", in John Haiman (ed.), *Iconicity in Syntax*, Amesterdam/Philadelphia: John Benjamins Publication Company, 1985.

先于小范围的成分。

我们认为英汉两种语言的上述不同可能与两类语言的词类系统相关。恒杰威尔德（Hengeveld）[1]把语言的词类系统分为三种：区别系统（Differentiate System）、刚性系统（Rigid System）和柔性系统（Flexible System）。其中，区别系统中词类的句法功能专门化；刚性系统（如科隆哥语）词类功能也专门化，但它往往有缺项，有些句法功能有专门的词项充任，有些则没有，如果词项需要承担其他句法功能，则需添加标记；柔性系统（如萨摩亚语）词项的句法功能具有多功能性。由于区别系统与刚性系统的句法功能都专门化，文献上通常把两者统一视为刚性系统。刚性系统和柔性系统之间并无明确界限，语言由柔性到刚性系统呈连续统，区别系统居中，多数语言则同时兼具柔性和刚性特征，只是比例不同。通过上面的论述可以发现，英语的标记较为发达，应该属于词类系统中的区别系统，而汉语的标记不太发达，属于词类系统中的柔性系统。恒杰威尔德与其合作者[2]又发现，语言的语序与其词类相关，如果其词类属刚性系统，特定词类和特定句法功能就绑定在一起，该语言就不太需要语序来解歧（disambiguate）；但如果其词类具有多功能性（柔性系统），语序则发挥着类似于刚性系统中形式标记的作用。由此可见，英语可以通过一些形态标记来解歧；而汉语主要靠语序来解歧。因此，英语遵

---

1 K. Hengeveld: "Non-verbal Predication", in *Theory Typology Diachrony (Functional Grammar Series 15)*, Berlin: Mouton de Gruyter, 1992.

2 K. Hengeveld, J. Rijkhoff, A. Siewierska: "Part-of-speech Systems and Word Order", in *Journal of Linguistics*, 2004, 40: 527-570.

循时间象似性的程度没有汉语那么高。不过，近来有研究表明，英语的标记也逐渐减少，因此其语序也逐渐向汉语的语序靠近，即更为固定，遵循时间象似性的程度更高。比如李赋宁[1]就发现，古英语由于其形态比较发达，因此其句法成分的次序较为自由，可以是：

①状语——谓语——主语；

②宾语——谓语——主语；

③宾语——主语——谓语；

④主语——宾语——谓语。

但随着词尾变化的减少，词尾不再明确表示语法关系和功能，中古英语就不得不依靠语序来标明句子各成分之间的语法关系。还有研究表明，随着语法标记的减少，现代英语的语序逐步向SVO固定。根据这一趋势我们也可以预测未来英语遵循时间象似性的程度将会越来越高。

除了上述几类学界较为重视的象似性，各路学者们又根据自己的研究提出了其他的象似性原则，包括对称象似性[2]、重叠象似性[3]、范畴化象似性[4]、标记象似性[5]、话题象似性[6]、

1　李赋宁：《英语史》，北京：商务印书馆，1991年。

2　M. K. Hiraga: "Diagrams and Metaphors: Iconic Aspects in Language", in *Journal of Pragmatics*, 1994 (22): 5-21.

3　张敏：《从类型学和认知语法的角度看汉语重叠现象》，载《外国语言学》，1997（2）：37-45。

4　M. K. Hiraga: "Diagrams and Metaphors: Iconic Aspects in Language", in *Journal of Pragmatics*, 1994 (22): 5-21.

5　王寅：《Iconicity的译名与定义》，载《中国翻译》，1999（2）：48-50；M. K. Hiraga: "Diagrams and Metaphors: Iconic Aspects in Language", in *Journal of Pragmatics*, 1994 (22): 5-21.

6　王寅：《从话题象似性角度谈英汉句型对比》，载《山东工业大学学报（社会科学版）》，1998（2）：88-90。

语义场象似性、上下义关系象似性、反义词象似性等[1]。其中，对称象似性指对称的概念对应于对称的语言形式。在语言中这种对称性则主要通过平行结构来体现。重叠象似性指语言表达形式上的重叠与概念领域的重叠具有象似关系。比如当表示某个人很高兴时，人们可能会用以下两个句子：

（66）a. I am so happy.
　　　b. I am sooooooooo happy.

尽管（66）b中的"sooooooooo"可能并不是规范的表达方式，但它非常直观地表现了人们高兴的程度，该程度显然比例（66）a中通过"so"表达的程度高很多。在汉语中也有类似的例子，那就是叠词，叠词也包含了数量的概念。其实，重叠象似性完全可以视为一种特殊的数量象似性，只不过这种数量象似性主要在词汇层面起作用。

范畴化象似性指属于同一形式范畴的语言单位在认知上也有象似之处。这类象似性在词类的划分上最有体现，比如兰盖克（Langacker）[2]根据认知的特点将词类做了不同的区分，他把名词定义为对事体（thing）的突显；而动词则突显行为、过程、关系。简而言之，能被划入同一范畴的事物之间都具有某种相似之处，这种相似之处主要体现在其句法表现上。

1　马静，张福元：《语言的象似性探讨》，载《外语教学》，2000（1）：10-14。

2　R. W. Langacker: *Foundations of Cognitive Grammar, Descriptive Application*, Vol. Ⅱ, Stanford: Stanford University Press, 1991.

标记象似性指有标记的语言单位象似于额外的意义，无标记的语言单位象似于可预测的常规意义。话题象似性[1]则是从句子信息结构的角度提出的，它认为句子的话题对应思维的起点，换句话说，思维的起点在句法层面就表现为话题。

语义场象似性是在语义场理论（The Theory of Semantic Fields）的基础上提出的，它认为同一语义的分析能够用于所有的自然语言中，比如研究表明对颜色词的研究[2]就可以运用于所有的语言，这种广泛的运用是基于人类对共同的客观环境的体验而来的。上下义象似性指在语义结构中，上义词对应于类属概念和普遍意义，下义词对应于种属概念和额外信息。反义词则对应于客观世界中的对立现象。

至此，我们对象似性的研究做了一个基本的回顾。但纵观上述对象似性的分类可以发现如下两个问题：首先，某些象似性之间没有截然清楚的界限，比如重叠象似性与数量象似性就有些重合，概念上的重叠即为概念上的复杂程度较高，这当然就对应于语言单位数量上的重叠。其次，各个分类基本没有统一的依据，有的存在于语义层面，有的存在于语用层面（比如标记象似性和话题象似性），有的存在于句法层面（比如距离象似性），有的则可能同时适用于好几个层面（比如数量象似性）……上述分析表明象似性的研究虽然较具解释力，但其分类仍非常混乱。但我们认为这种混乱恰好说明象似性广泛地存在于语言的各个层面，它确实对语

---

1 王寅：《从话题象似性角度谈英汉句型对比》，载《山东工业大学学报（社会科学版）》，1998（2）：88–90。

2 B. Berlin & P. Kay: *Basic Color Terms*, Berkeley and Los Angeles: University of California Press, 1969.

言的各个层面都具有解释力,并且各个语言层面之间确实没有严格的界限,这也是本书想阐明的观点。

第五节　结语

本章回顾了本书计划使用的四类理论工具,分别是连续体、隐喻、认知参照点和象似性原则。其中,连续体的思想是在反对生成语法的模块论的基础上产生的。它认为语言的各层面之间并没有质的区别,它们也没有明确的界限,呈连续体分布。这就意味着我们基本可以通过同样的理论框架来解释不同层面的语言现象,后文也是基于这一假设展开的。认知语言学发轫于对隐喻的研究,它提出隐喻并非一种修辞手段或者语言现象,而是人们根本的思维模式,具有极深的系统性和体验基础。同样,认知参照点(包括转喻)也是人类一种基本的思维模式,它是借用同一概念域中的突显部分来激活其他不突显的部分。与隐喻一样,认知参照点也具有很强的体验基础。最后一个理论框架为象似性。其基本观点是作为认知产物的语言象似于人的认知模式。这种象似性具体体现为数量象似性、顺序象似性、距离象似性、对称象似性、重叠象似性、范畴化象似性、标记象似性、话题象似性、语义场象似性、上下义关系象似性、反义词象似性等等。可以说,这些象似性都反映了人的认知特点。

接下来我们将运用上述理论框架来考察语言(包括英语和汉语)中的现象,通过广泛的分析和研究我们想验证如下两个基本观点：首先，语言可以被视为连续体，不同的语言层面之间没有绝对清楚的界限；其次，基于连续体的概念，我们认为隐喻、认知参照点和象似性原则对语言的各个层面都具有解释力。

第二章

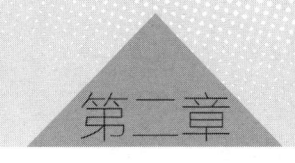

认知视角下的词汇解释

索绪尔提出词汇的音响效果（sound image）与其所表示的概念之间是任意关系（arbitrariness），即两者之间没有任何联系。必须承认的是，词汇的音响效果与概念之间存在一定的任意性，但这种任意性在多大的范围内有影响，截至目前尚未有明确的结论。另外从上文的讨论可以看到，词汇层面除了语音与概念之间的关系，还有语义内部的关系问题，语用的问题。这些现象是否也具有任意性还未得到充分解答。但由于索绪尔本人在语言学上的重要地位和影响，其任意说有时被推向极端，很多人直接就把他所说的音响效果与概念之间的任意性扩展成语言形式和意义之间的任意性，并武断地把任意性视为语言的根本特征。这种做法无疑遮蔽了人们对语言事实的认识。

本章将在认知语法的框架下讨论词汇层面的理据性（motivation），因为它可以涵盖词汇的语义、形式和语用问题的研究。词汇是词汇—句法—语篇连续体中最小的象征单位（symbolic unit）。兰盖克（Langacker）[1]认为，象征单位是语音极（phonological pole）和语义极（semantic pole）的结合体。可见象征单位可以兼顾形式和意义的研

---

1 R. W. Langacker: *Foundations of Cognitive Grammar: Theoretical Prerequisites*, Vol. 1, Stanford: Stanford University Press, 1987.

究，而非像生成语法那样把两者分割开来。后来，戈德伯格（Goldberg）的构式也包含了词汇。她把构式定义为形式、语义和功能的配对体[1]。在该定义下，构式的范围被扩展至几乎涵盖所有层面的语言单位，包括词素、词、词组、短语、分句、句子乃至语篇[2]。构式和象征单位的提出有两方面的意义：首先，它可以融合语言单位的形式、语义和语用等方面的研究，更容易发掘这几个方面的关联；其次，它符合认知语言学不同语言层面呈连续体的基本观点，呼应了认知语言学的语言由一般的认知模式决定的基本立场。

本章主要探讨词汇层面词义之间的关系问题，包括词汇的语义变迁、词性的改变，以及词汇的发音与其所表达的意义之间的关系。具体来说本章讨论隐喻、认知参照点（转喻）以及象似性三种认知方式在词汇层面的体现。第一节将从隐喻视角观察英语介词above的词义的变迁；第二节将着重考察转喻在汉语流行语"山寨"的词性改变（包括词义变迁）中所起的作用；第三节将考察声音象似性在美国经典小说《了不起的盖茨比》中的体现及其作用。下文的分析将表明，上述现象都是有认知理据的，并非像有的语言学家所宣称的那样词汇层面的所有现象都具有任意性。任意性在词汇层面所占的比例非常少。

1　A. E. Goldberg: *Constructions at Work*, Oxford: Oxford University Press, 2006.
2　王寅：《构式语法研究》，上海：上海外语教育出版社，2011年。

第一节　介词above的空间义及其隐喻拓展

第一章的讨论显示，隐喻是一种重要的认知方式，它通常把具体的事物映射到抽象的事物上以增进人们对抽象事物的理解。认知语言学持基于用法的语言观（Usage-based View）[1]，它认为语言的使用会对语言结构造成重要的影响[2]。据此可知，偶然的隐喻映射并不能造成词义的改变，但如果人们长期固定地使用一些隐喻，就会使语义发生转变。那些对于人类的认知系统有深刻影响的基本概念（basic domains）则更可能被高频用于理解抽象概念。这种高频使用必然会给这些概念带来词义的变化。本节将探讨的介词above中的隐喻现象也是基于高频使用而来的，其词义演变的原因可作如下概括：在隐喻思维的作用下，以高频使用为条件而产生的词义变迁。

对于多义现象，不同的语言学派由于其理论出发点的不同给出了不同的处理方法。最早的研究始于18世纪，当时主要从语源学（etymology）、历史词汇学（historical lexicography）以及历史语义学（historical semantics）的角度对其做出研究[3]。可见当时人们主要从历时的角度（diachronic perspective）考察多义现象的历史渊源。不可否认的是，词

1　R. W. Langacker: *Foundations of Cognitive Grammar: Theoretical Prerequisites*, Vol. 1, Stanford: Stanford University Press, 1987.
2　严辰松：《语言使用建构语言知识：基于使用的语言观概述》，载《解放军外国语学院学报》，2010（6）：1—8。
3　Brigitte Nerlich: *Semantic Theories in Europe 1830-1930: From Etymology to Contextuality*, Amsterdam, Philadelphia: John Benjamins Publishing Company, 1992.

义的改变的确并非朝夕之事，因此历时角度的研究非常必要。后来也有学者[1]从共时的角度（synchronic perspective）来看待多义现象，重点考察一个词的语义网络。从第一章的分析可以看到，结构主义的开创人索绪尔提出语言符号（主要是词汇）的能指和所指之间的关系是随意的。在任意观的照应下，他们也不太关注多义现象的研究，只是简单地认为多义词只是类属于同形异义现象（homonymy）。据此，结构主义流派在词典中把诸如介词above所呈现出来的这种多义性处理为互不相关的现象，他们仅把不同的词义任意地罗列在一起[2]。这种处理办法的弊端在于它割断了各类语义之间的联系，这就要求语言学习者（尤其是把英语作为第二语言的学习者）分别记忆各自的意义和用法。上文提到，介词的用法异常复杂和多样，随手翻阅一下词典就会发现英语中的介词少则有十几种词义，多则有二三十种词义。传统的任意罗列的处理方法显然不利于学习者学习介词的语义，因为它没有看到词义之间的相互联系，也不具有心理现实性（psychological plausibility）。

生成语法对多义现象的观点几乎继承了结构主义的看法。他们主要关注语言的递归性（recursiveness）[3]，即解释人为何能通过有限的词汇创造出无限的句子。他们认为句子

---

1 Brigitte Nerlich: *Semantic Theories in Europe 1830-1930: From Etymology to Contextuality*, Amsterdam, Philadelphia: John Benjamins Publishing Company, 1992.
2 罗琳、刘家荣：《介词的语义扩展》，载《重庆交通学院学报》，2005（2）：101-104。
3 钱冠连：《语言全息论》，北京：商务印书馆，2002年。

基于"词汇和规则（Words and rules）"形成[1]，也即词汇在句法规则的作用下形成句子，起语核作用的动词的语义和句法特征可预测包含该词的短语和分句的语义及句法类型，动词通过投射原则（Mapping rules）将论元结构投射到句法结构从而生成句子[2]。其中，句法规则提供语言单位组合的形式，它本身并不表达意义，句义由词汇根据组合性原则（Principle of Compositionality）得到诠释（interpretation）。句子的整体意义等于其成分义之和。生成语法认为语言单位之间的组合理据来源于天赋的句法规则，组合模式本身并不表达任何意义。因此可以看到生成语法并不关注词汇的研究，他们更侧重研究他们认为是"天赋"的句法规则，试图据此获得对大脑更多的了解。

与生成语法不同的是，认知语言学并未对不同的语言单位进行权重的区分，即他们并不认为某一类语言现象重要而另一类语言现象不值得研究。相反他们认为越是奇特的语言现象（idiosyncracies）越可能折射出语言的本质。在此前提下，他们提出语言是对认知的一种反映，不同层面的语言是对不同大小思维单位的反映，比如词汇就代表了一种思维范畴（conceptual categories）[3]。据此，认知语言学[4]对上述任意

1　Vyvyan Evans & Melanie Green: *Cognitive Linguistics: An Introduction*, Edinburgh: Edinburgh University Press, 2006.

2　潘海华：《词汇映射理论在汉语句法研究中的应用》，载《现代外语》，1997（4）：1-13。

3　Vyvyan Evans & Melanie Green: *Cognitive Linguistics: An Introduction*, Edinburgh: Edinburgh University Press, 2006.

4　G. Lakoff: *Women, Fire and Dangerous Things*, Chicago: The University of Chicago Press, 1987.

处理词义的做法发出了挑战，它提出那些看似不相关的意义实则可以形成一个相互关联的网络（radial categories）。他们还提出，隐喻可以很好地将各个词义连接起来；换句话说，他们认为隐喻是形成介词多义性的根本原因[1]。在认知语言学兴起之前，隐喻只是被认为是一种修饰性的语言，根本没有受到任何重视，所以学者们很难意识到隐喻的重要性。但随着隐喻研究的兴起，人们开始发现隐喻在思维层面的关键作用，于是人们开始从隐喻的角度研究多义现象，并发现它是词义转变的根本驱动因素（driving factors）。由于在上一章我们已经详细论述了隐喻的研究历史及认知语言学家对其所产生的新的理解，此处不再赘述。下面我们将直接关注介词above是如何基于隐喻的作用而产生多义现象的。本书的语料来自英国国家语料库（British National Corpus）[2]。我们共收集到了400多条语料，并做了分类，首先筛选出介词above的空间义用法，然后再把余下的非空间性用法进一步分类，从而构建本书研究所需的语料库。

前文提及，莱柯夫和约翰逊[3]把隐喻分为三类，分别是结构隐喻（Structural metaphor）、方位隐喻（Orientational metaphor）和本体隐喻（Ontological metaphor）。其中，方位隐喻与介词的多义性直接相关。它具有强烈的体验基础（experiential basis），人一出生就体验着各式各样的方位

1　赵艳芳：《认知语言学概论》，上海：上海外语教育出版社，2001年。
2　http://www.natcorp.ox.ac.uk/.
3　G. Lakoff & M. Johnson: *Metaphors We Live By*, Chicago: The University of Chicago Press, 1980.

（上下、里外、中心边缘等），这种体验使得方位感对抽象概念的建构会产生重要作用。莱柯夫和约翰逊[1]发现人类很多根本性的概念都是通过方位隐喻来构建的，比如时间、情绪和权力等。如果没有方位隐喻，则很难想象我们将如何来交流上述概念。

实质上，空间概念（spatial domain）就是一种意象图式（image schema）。马克·约翰逊（Mark Johnson）[2]认为，意象图式来源于我们与客观世界进行互动时所产生的感知体验。比如人是直立行走的，这种行走模式就可以在我们心中产生"上下"的垂直概念。并且由于地心引力的作用，上和下之间就出现了一些不对称（asymmetries），比如人体虽然有上下之分，但上身和下身的重要性不同，从功能上讲，上身的功能要重要得多。这种不对称就是造成它们在语言层面不对称现象的根本原因[3]，如赵元任[4]很早就注意到汉语中方位词"上"的构词能力比"下"的构词能力强，而且成词的性质也不一样。含"下"的复合词一般是词汇性的；而带"上"的复合词则既可以是词汇性的，也可以是非词汇性的。但值得注意的是，意象图式的作用并不局限在视觉范围，任何可以通过感知而获得的某种图式在认知语

---

1 G. Lakoff & M. Johnson: *Metaphors We Live By*, Chicago: The University of Chicago Press, 1980.
2 Mark Johnson: *The Body in the Mind: The Bodily Basis of Meaning, Imagination, and Reason*, Chicago: The University of Chicago Press, 1987.
3 周统权：《"上"与"下"不对称的认知研究》，载《语言科学》，2003（1）：39-49。
4 赵元任：《汉语口语语法》，北京：商务印书馆，1979年。

言学中都被称为意象图式。另外，意象图式的产生也是基于人们反复的体验而来的，因此它是较为抽象的范畴，不是对具体事物的重现，而是对事物之间关系的一种抽象表现。最后，意象图式在大脑中是通过具有完型特征的经验（holistic experiences），而非通过语言来呈现的（analogue representation）。

根据兰盖克[1]，意象图式包含三个部分：射体（trajectory）、路标（landmark）和路径（path）。这三个概念主要是在泰尔米（Talmy）[2]所提出的图形和背景原则（Figure and Ground）的基础上提出来的。泰尔米认为图形是移动的或者说概念中可移动的物体，它的路径、位置以及方向都可被视为一种变量，这些变量的不同值都是需要被关注的；而背景则是一个参照物体，它在参照框架中是相对固定的，图形的路径、位置以及方向都通过它来得到定位。在泰尔米的基础上，兰盖克把射体定义为第一图形或参与者（primary figure），而把路标定义为第二图形或参与者（secondary figure）。其中射体的位置是不确定的，而路标的位置只是作为一个参照点帮助人们确定射体的位置。如果射体是运动的，那么其运动的轨迹则被称为路径。

下面让我们首先分析介词above的空间义。在收集到的400条语料中，其中只有168条例子属于above的介词性用法，而其余的不属于介词性用法，主要是该单词的副词、形容词

1　R. W. Langacker: *Concept, Image and Symbol: The Cognitive Basis of Grammar*, Berlin: Mouton de Gruyter, 2002.

2　Lenoard Talmy: *Toward a Cognitive Semantics (Volume Ⅰ) (Concept Structuring Systems)*, Cambridge, MA: MIT Press, 2000.

或名词性用法。此处我们就将上述非介词性用法排除在研究范围之外。在168条介词性用法中，其中有79条属于above的空间性用法，而89条属于非空间性用法（也即我们将要研究的隐喻映射性用法）。可以看到空间性用法和非空间性用法基本持平。

在分析介词above的隐喻延伸义之前必须考察该词所表示的基本空间义，这样才能更好地研究它是如何通过隐喻这一思维模式映射到其他抽象的概念域中的。前文提及，在我们收集到的语料中，有79条属于above的空间性用法。在词典中，该单词空间性用法表示射体位于路标的上方，路标和射体之间既可以接触也可以不接触。如：

（1）My room is immediately next above your room.

（2）The great bird hovered high above our heads.

例（1）描述的是两个房间的相对位置，其中"我的房间"刚好在"你的房间"之上，此时路标和射体是相互接触的；与此不同的是，例（2）中的射体（the great bird）只是位于路标（our heads）的上方，然而两者并未产生实际的接触。

另外根据该介词所表达意义的动态性，又可以把它细分为静态性用法和动态性用法，其中，有42条表达该介词的静态性意义，有37条表达动态性意义。下面我们一一考察这两类用法的特点。

在above的静态性用法中，射体是静态的，路标也是静态的，此时射体的路径为零。如：

（3）The underside of the road bridge was of flat construction, with about three feet of clearance above normal water level.

（4）She had two rooms above a hardware store in Venus.

（5）To get ahead of the teams and join them halfway up the 12,000 foot mountain, Fusil flew a few journalists over the forest canopy just a few feet above the top of the trees.

上述例子中的above都表示路标和射体的静态空间关系。例（3）中射体是"the underside of the road bridge（路边的桥的下方）"，路标是"water level（水平面）"，该例子描述的空间关系是，射体位于路标的上方，并且射体和路标都是静态的，具体说就是桥的下方位于水平面之上。例（4）中射体是"two rooms（两间屋子）"，路标是"hardware store（五金店）"，此处射体也是位于路标之上，路标（也即五金店）是射体的参照点。同样，在例（5）中，射体是"canopy（蚊帐）"，路标是"the top of the trees（树顶）"，在该例中射体基于路标获得定位，它位于路标的上方几英尺。

在动态性用法中，射体是动态的，而路标是静态的，射体的位置也是通过路标的位置得到确定的，此时射体的路径不再为零。如：

（6）The mast was still waving ten feet above the ground, making the wheelbarrow top-heavy, and from sideways on there was my voluminous robe and thirteen square feet of metal for the wind to catch.

（7）We were flying above the clouds.

（8）Then, as the plane began to circle above Moon Beach, her head drooped and tears fell into her lap.

例（6）中的射体是"mast（船桅）"，而路标是"ground（船面）"，其中射体是动态的（即waving），因此它就有运动路径，即来回晃动的轨迹；例（7）中的射体是"We（我们）"，路标是"clouds（云）"，整个句子描述的是射体在路标的上方做飞行运动，射体的运动路径即飞行的轨迹；例（8）中的射体是"plane（飞机）"，路标是"Moon Beach（月亮滩）"，其中射体在路标的上方做盘旋运动（circle），射体的路径是其盘旋的轨迹。

通过上面的分析可以看出，虽然介词above表示射体位于路标之上，但它既可以表示两者是相互接触的，也可以表示两者之间具有一定的空间；同时，该介词还既可以表示射体是动态的，也可以是静态的。我们现在的问题是要确定above到底是基于何种意义进行的映射，也即我们需要考察该单词的基本义（basic meaning）。许多认知语言学家都曾提出相关的标准来确定词汇的基本义，包括莱柯夫和兰盖克等。但其中被学术界认为最系统的应该是泰勒和埃万斯（Tyler and

Evans）[1]所提出的标准，他们认为我们可以从如下方面考察一个单词的基本义：首先，基本义一般是该单词最初被确认的意义（the earliest attested meaning）；其次，它在整个语义网络中占有绝对的优势；再者，通过其与其他介词的关系来考察基本义；最后，基本义对该单词句法表现具有预测性。

下面我们将根据上述几条标准来确定介词above的基本义（或者原初义）。泰勒和伊万斯通过对20多个英语单词的研究[2]表明，介词最早被确认的意义一般为空间义。尽管随着时间的推移介词的意义发生了很大的改变，但其描述射体和路标之间的空间关系义基本没有变化。介词above也同样源自古英语中，它表示射体以动态或静态的方式位于高于路标的某个位置，因此从这个意义上看"射体高于路标"可以视为介词above的原初义。第二个标准是在语义网络中占据绝对优势，在我们收集到的above的介词性语料中，几乎所有的例子都在某种程度上表示"射体高于路标"这一空间关系，因此我们可以说该意义是原初义。第三个标准是通过考察介词与其他介词的关系来确定原初义。可以想象，人们设定介词是为了表示各类空间关系，这些介词之间所表示的关系可能会有一些重合，但在绝大多数情况下，它们应该是互不相同的，由此介词之间相互作用就可以形成一个互补的关系（Complementary relation）。如果我们想找到介词above的原

1　A. Tyler & V. Evans: *Reconsidering Prepositional Polysemy Networks: The Case of Over*, Cambridge: Cambridge University Press, 2001.

2　A. Tyler & V. Evans: *Spatial Scenes: A Cognitive Approach to Prepositions and the Experiential Basis of Meaning*, Cambridge: Cambridge University Press, 2002.

初义，那么可以反观一下与其对应的介词under的原初义。根据泰勒和伊万斯的研究[1]，介词under的原初义为射体位于路标之下。同理，我们基本可以确定介词above的原初义为"射体位于路标之上"。最后一个标准是原初义对单词的句法表现具有预测性，该标准认为即使某些语义与原初义看起来有所不同，但也可以看到两者具有一定的关联。研究发现"射体位于路标之上"这一意义对介词above的句法表现具有很强的预测性。比如：

（9）Even the king's closest advisers were not above suspicion.

这句话的意思是即使是国王最亲近的参谋也未能逃脱被怀疑的命运。从表面上看，这里的怀疑范围与空间义毫不相干，但我们仍可以看到空间义起了很大的作用，从空间的角度可以解释得通。在该例子中，说话人把"国王怀疑的对象"作为一个垂直的排列，从下往上，越是处于下方的人则越容易被怀疑，越是位于上方的人被怀疑的可能性则越小，超过某个临界点之后，就完全不会被怀疑。国王的参谋按理说是国王最亲近的人，他背叛国王的概率最小，因为其利益在很大程度上取决于国王，但即使这样，他也未能超越上述临界点，仍被纳入被怀疑的范围。如果从空间的角度看可以把上句话重述为"国王的参谋未能超过国王怀疑的最高临界

---

[1] A. Tyler & V. Evans: *Spatial Scenes: A Cognitive Approach to Prepositions and the Experiential Basis of Meaning*, Cambridge: Cambridge University Press, 2002.

点",言外之意是他仍是被怀疑的对象。

通过上述分析可见,介词above的原初义可以被确定为"射体位于路标的上方",也即介词above所表示的意象图式。至于射体与路标是否接触,射体是否是运动状态则是空间关系中的具体细节,未被纳入above这一意象图式中。这也较容易理解,前面提及意象图式是较为抽象的概念,因此上述细节被忽略,不在考虑范围之内。确定了above的基本原初义之后,下面我们将着重考察该意义被映射到了何种概念域,换句话说,该意义帮助人们建构了哪些概念。

根据收集到的语料可知,above的空间义主要映射到了如下概念域(conceptual domains):速度、数量、音量、时间(包括年龄)、能力、标准(standard)以及权力。下面我们将分析above如何建构上述概念。

首先是速度,它是用来衡量某个行为所耗时间的多少的标准,是一个非常抽象的概念。为了更好地操作并理解这一概念,人们就借用了介词above来建构它。如:

(10) Four-wheel-drive cuts out when the tractor's forward speed goes above 9.3 m.p.h. and is re-engaged when it drops below 8.7 m.p.h.

(11) As a result of this incident, I am very cautious and rarely drive above 80 k.p.h. (50 m.p.h.) with a loaded trailer.

(12) The same happens if the tractor's forward speed goes above 9.3 m.p.h. or if the front wheels turn more than 20 deg.

在上述例子中，速度被隐喻性地认为是一个垂直的等级，超过某个临界点就可以用介词above。在这类关系中，临界点是路标，它被用来参照射体。如在例（10）中，当超过了9.3英里每小时这一刻度，说话人就会使用above来描述；同样，例（11）中路标是80公里每小时，射体则是"超过80公里每小时"；例（12）也可以做类似的分析。值得注意的是，在这类例子中，路标是非常明确的（即临界点），而射体反而是相对模糊的，仅用超过某个临界点来表示，但它具体是多少便不得而知。

在我们的语料中above通过隐喻投射的第二个概念域是数量。在此类投射中，数量被视为一个垂直的刻度，我们在第一章的理论框架中也曾提及，数量和高度是一个呈正相关的，因此在此类投射中刻度越高则意味着数量越大。说话人也会在该刻度中划定某个临界点，把它作为参照射体的路标。如：

（13）The amounts involved are often huge, well above any amount that would be covered by professional indemnity insurance.

（14）Alf Morris, the Labor Party's spokesman for the disabled, promised that it would increase pensions above the rate of inflation.

（15）Oil prices have soared above forty dollars a barrel, their highest level in a decade, which is almost certain to provoke another round of petrol price increases.

例（13）中把保险公司赔偿的数量作为临界点，而把超过这个临界点的"the amount"（句中未标明）作为射体，表示它处于这个临界点之上，前面提及垂直高度越高就表示数量越大，因此这句话表示的意思是射体所表示的数量大于路标所表示的数量；例（14）中，把养老金增长的量与通货膨胀的量分别视为射体和路标，其中养老金的增长量"高于"通货膨胀率；例（15）中描述的是射体（油价）位于比路标（forty dollars a barrel）更高的位置，也即油价超过了40美元每桶的价格。

第三个被建构的概念域是时间，此处具体表示年龄。在这个隐喻中，年龄被视为一个从低向高处排列的物体，处在下方的则年纪较小，位于上方的年纪较长。该隐喻中的路标也是一个临界点，它用来衡量和参照射体的位置。如：

（16）She didn't look to be above forty years old.

（17）We provide free medical care for pensioners aged 65 and above.

在例（16）中路标是"forty years old（40岁）"，说话人认为主语"she（她）"的年纪应该没有超过这个临界点，也即在该临界点的下方，所以该句话应理解为"她还不到40岁"；同样在例（17）中，临界点被设为"65岁"，处于该年纪及位于该年纪之上的人就可以享受免费的医疗服务。

第四个抽象概念域是音量。音量表示声音的振幅大小，这种振幅的大小在人耳中的反映即为人耳对所听到的声音大小的主观感受。在此类隐喻中，音量也被视为一个垂直的序列，高位置所代表的音量比低位置所代表的音量要大。如：

（18）Fenella, hardly daring to speak, but knowing she must raise her voice above the treadmills.

（19）Christina heard Elaine's screams and laughs even above the deafening roar of the sea.

（20）Martin stopped a few feet before him and stood with legs planted firmly apart, said loud enough to be heard above the music, what are you drinking?

在上述例子中，路标是临界点，射体则位于临界点上方。例（18）中，路标是"the sound of treadmill（踏车所发出的声音）"，而射体则是"Fenella's voice（费娜娜的声音）"，该句子描述的是费娜娜的声音位于踏车所发出的声音之上，也即费娜娜的声音比踏车的声音更强。例（19）把大海咆哮的声音作为衡量"Elaine's scream（艾莉娜尖叫）"的参照点，发现后者在声音刻度上高于前者，因此可以知道后者大于前者。例（20）中路标是"music（音乐声）"，而射体是马丁的说话声，其中后者高于前者，因此表示马丁的说话声高于音乐声。

介词above所投射的第五个抽象概念域是能力。该隐喻中，人们把能力由低到高进行了排列，位置低的能力对应弱能力，位置高的对应强能力。介词above在表示能力时，同样设置了临界点。如：

（21）And which if true are likely to be above our comprehension?

（22）But the surgery has given him confidence to stand head and shoulders above the rest.

上述例子中，临界点是路标，射体则是超越了该临界点。此时路标可以是事物，也可以是人，例（21）就是把事物和人的能力进行对比。在该例中，说话人把理解事物所需要的能力视为一个垂直的物体，处于高处的表示需要较强的理解力，处于低处的则表示只需要较弱的理解力即可。然后就可以把这个能力与人的理解力作一个匹配，每个人的理解力都有一个上限，该上限对应着上述垂直物体的某个刻度，因此我们可以简单地说此处的临界点是"our comprehension（我们的理解力）"，而射体是"which if true（如果事情是真的）"。这个句子所表示的命题，该命题需要的理解力在刻度上高于我们的理解力，也即我们无法理解该命题。例（22）则是把人与人的能力进行对比，它表示这个手术让他相信自己的能力远超其他人之上。说话人在此时把人的能力视为一个垂直体，临界点则是普通人的能力，而主语the survey赋予他自信，使其觉得自己的能力位于普通人之上，也即其能力强于普通人。

第六个被介词above所投射的概念域是标准。社会中存在很多的标准，它们的存在可以保证整个社会在良好的秩序中运转。常见的标准包括交通、安全、卫生等领域。在隐喻中，这个标准也是处于一个垂直的物体上，一旦超出这个值就会导致某种秩序的失衡。如：

（23）Also from 1976 all public supply contracts above a specified limit awarded by local, regional and central governments had to be publicly advertised in advance.

（24）So, if you drank a whole bottle of wine, blood alcohol would rise to about 150ml/100ml or 70mg above the legal limit and it will take nearly 5 hours (70 ÷ 15) to fall to that limit.

介词above所映射的最后一个概念域为权力。在此类隐喻中，权力被隐喻性地视为一个垂直物体，低位置的对应低权力，高位置则对应高权力。如：

（25）He never rose above the rank of corporal.

（26）A captain in the Navy ranks above a captain in the Army.

（27）She married above her.

值得注意的是，尽管上述三个例子都把权力视为垂直物体，但它们之间是有一些差异的。其中例（25）把权力视为一个阶梯性质的事物，人通过不停地攀爬从而获得地位的提升，因此此处主要描述了权力的动态变化，其中临界点为"the rank of corporal（陆军或空军的下士）"，表明他从未超出过该范围，换句话说其地位低于这个临界点。例（26）

和例（27）把不同人的权力和社会地位进行了一个排名，社会地位高的对应于高位置，社会地位低的则对应于低位置。如果说第一个例子强调社会地位的动态性，那么后两个例子中的排名更加突显社会地位的静态属性。比如例（26）中把海军中的上尉与空军中的上尉进行了比较，发现前者的位置高于后者；例（27）是把她和她丈夫的社会地位进行了比较，后者的位置高于前者。

综上可见，基于隐喻思维，介词above的空间义（射体在路标上方）可以被映射到如下几个抽象的目标概念域中，分别是速度、数量、音量、时间（包括年龄）、能力、标准以及权力。与在空间域中表现一致的是，在投射到目标域后，射体和路标之间既可以相互接触，也可以不接触；此外，射体既可以是动态的，也可以是静态的。值得注意的是，上述几个被介词above所建构的抽象概念中几乎都含有"量（quantity）"和"程度（degree）"的意义，其中数量自不必说，与高度具有正相关的关系，其余几个概念都具有"量"的意义，比如权力就可以从多少的角度来衡量，因为语言中就存在以下说法：

（28）领导干部的权力少点的好，这不仅适用于伟大的事业、适用于人民群众，也同样适用于领导干部自身。

这个例子说要给领导少一点的权力，这把权力视为一种物品可以转让，是一种本体隐喻（ontological metaphor）。我们知道物品一般都是有"量"的概念的，这种量的意义也被投射到"权力"这个概念域上,从而权力也可以通过数量来衡量。相较于"数量"义,"程度"义则更为抽象,但两者是相关的,试想一下,物品的数量越多,其质量就越高,因此地球对其所产生的引力就越大,它若产生行为,行为的程度也就越高,因此数量义与程度义也通常是呈正相关的。另外,从体验的角度看,数量与垂直高度也是具有相关性的。一般而言,物品的数量越多,它就可以堆得越高。综上,无论是数量还是程度与高度都是呈正相关的。这也可能是上述概念域可以接受表示垂直空间概念的above建构的根本缘故,因为两者在概念上具有一致性,从这个意义上讲,介词above通过隐喻拓展的语义刚好印证了莱柯夫[1]所提出的一致性原则(Invariance Principle)。

总之,本节考察了英语介词above中所展现的多义现象。发现该介词中所呈现的多义性并非像传统研究所宣称的那样是毫无关联的,它们都是基于隐喻延展出来的,而且这种延伸并非是任意的,而是建立在源域和目标域之间具有语义一致性的基础之上的具有很强系统性的现象。通过研究也可以表明,隐喻也并非传统研究所认为的仅仅是一种修饰性语言,相反,它是人类根本的思维模式,充斥在我们日常的语言生活中,语言中隐喻现象只是隐喻思维的一种表层反映。不过此处通过隐喻所研究的仅仅是词汇现象,我们还需要在更高的语言层面来检验语言的隐喻性,从而证实隐喻对语言的各个层面都具有重要影响,进而验证认知语言学所提出的

---

[1] G. Lakoff: "The Contemporary Theory of Metaphor", in A. Ortony (ed.), *Metaphor and Thought*, 2nd edn, Cambridge: Cambridge University Press, 1993.

各语言层面呈"连续体"的观点。

第二节 认知参照点视角下的词汇语义变化：以"山寨"为例

上一节通过对介词above的研究表明，隐喻对介词词义的扩展起着很大的作用。在这一节中，我们将通过流行语"山寨"来考察认知参照点在词汇语义以及句法表现的变化上所发挥的影响。

"山寨"被评为2008年十大网络流行语之一，很多媒体甚至直称2008年为"山寨"元年。如今，"山寨"一词依然盛行，它充斥在人们的生活中，正如2009年1月7日的《西安晚报》所报道的那样：山寨手机在生产；山寨春晚在上演；山寨周杰伦在电视上频频放电；《山寨电影》在西安拍摄……真是"忽如一夜春风来，千门万户皆'山寨'"。从2008年至今，"山寨"一词的流行已经持续了多年，它并没有像当初有些人所预言的那样消失在人们的语言生活中，相反它开始逐渐固化，其词性也从原来的名词向形容词和动词转变。比如：

（29）这个是山寨货吧。

（30）我们的创意被山寨了。

在这两个句子中，"山寨"不是像其字面意义所显示的那样表示某个地点，而是表示"假冒伪劣"产品，或者与此类产品相关的属性或行为。其中，例（29）表示产品的属性是假冒伪劣的，而例（30）表示生产假冒伪劣产品的行为。我们的问题是，这个词是如何从最初变成流行语，产生语义和词性的变化，发展到现在成为人们的日常用语的。本节将从认知参照点来解答上述问题。

下面我们将首先回答"山寨"这一流行语是如何产生的。在此之前让我们先确定在"山寨"成为流行语之前的用法：在古汉语中，"山寨"也作"山砦"，包括两个义项[1]。第一个义项表示筑有栅栏等防守工事的山庄。如：

（31）王钺又请于其前筑水磪山寨，以为戍守之所，朝廷皆从之。

第二个义项则表示绿林好汉占据的山中营寨。如：

（32）割鸡何用牛刀，哥哥山寨之主，不可轻动。

现代汉语里的"山寨"基本保留了其古汉语中的义项，但外延有所扩大。据《现代汉语词典》（2002年增补本），"山寨"指：①在山林中设有防守的栅栏的地方；②有寨子的山区村庄。显然，①与上述第一个义项的意思基本相同，

1　冯燕：《学生实用古汉语词典》，北京：人民日报出版社，2004年。

而②则比上述第二个义项所表示的语义更宽泛，泛指有寨子的村庄。譬如：

（33）许团长奉上司命令进山收编一股土匪，进了土匪山寨便看上寨主的压寨夫人，引起火拼，收编没有成功。

（34）1934年，国民党把梁占魁和贾德功的山寨部队收编并让开到庆阳地区，准备缴枪。

（35）阳光下的彝家山寨和层层梯田不时映入眼帘。

（36）在他的带领下，山寨的小伙子们向外面的世界涌去。

从上面的例子可以看到例（33）和例（34）中的"山寨"主要取"有防守的栅栏的地方"之义，例（35）和（36）主要取"村庄"之义。通过对比"山寨"在古汉语和现代汉语中的意义可以看到，在古汉语中"山寨"的意义与军事防守极为相关，现代汉语中虽保留了这一意义，但也扩展了该词的内涵和外延，即它可以用来宽泛地指某个偏远的寨子，该寨子不一定与军事有关。

其实在"山寨"成为流行语之前，其意义就有一定的变化，从表示某个地点逐渐演变为指代与政府对抗的某个组织。如：

（37）如今我们奉旨进京，既已赦罪，牛叔叔亦该弃了山寨，一同去朝见新君，仍与国家出力，以全忠义为是!

（38）山寨的财源日富，归附的人也日见众多。

例（37）中说话人劝谏"牛叔叔"放弃山寨，其实并不单是说让他放弃某个地方或者某类建筑，更重要的是，说话人是希望他能放弃盘踞在那个地方的组织；同样在例（38）中的"山寨"也不是指某个地方的实力越来越强大，而是强调在这个地方的组织不断地壮大，吸引其他人的归附。

这个现象正是在概念转喻"地方代替组织（PLACE FOR ORGANIZATION）"的作用下形成的。它是有强大的体验基础的。我们知道，某个组织的建立需要具体的地点作为依托，它不能凭空存在，所以地点属于"组织"这一概念域的一个重要的突显部分，两者具有很强的相关性。与具体的地点相比，组织是一个较为抽象的难以触及的事体（entity），因此人们常常通过"具体的地点"来激活对组织的概念。这就使得"地点"开始可以代替组织，久而久之，地点的语义也逐渐向"组织义"推进。"地点代替组织"这类转喻的能产性（productivity）非常强，语言中就有很多例子，比如我们经常用国家政府的所在地来代替政府。如：

（39）当初传来库赛和乌代身亡的消息时，白宫保持了相对低调。

（40）对此，白金汉宫回应称，女王在这一问题上始终保持中立。

我们知道"白宫"是美国政府的所在地，此处用它来指代美国政府；而"白金汉宫"是英国王室的王宫和居所，因此它主要被用来代替该宫殿的主人"英国女王"。

"山寨"的语义变化也遵循了同样的规律。由于"山寨"在地理位置上处于中央政府管辖的边缘地带，因此政府对它的控制力度就较小。一些不满政府统治的人就容易在此安营扎寨，逐渐形成自己的反政府组织。因此偏远的"山寨"就开始有了"反政府组织"义的色彩，随着使用频率的提升，其意义也开始发生转变，从"地点"义向"反政府组织"义转变。我们认为这种语义变迁为"山寨"成为流行语奠定了语义基础。

时下流行的"山寨"一词最初来自广东话[1]，主要用来描述手机、电脑等电子制造产品。如：

（41）860元：世界最便宜NPX-9000山寨笔记本电脑。

（42）外形酷似宏基笔记本，名字则直接山寨了华硕的英文名ASUS，叫作AXUS。

（43）"山寨"相机露脸武汉，最便宜仅售55元。

（44）上海15英寸山寨液晶显示器仅售500元。

（45）高端"山寨手机"千元贱卖，业内人士提醒注意质量。

1　王琳：《"山寨"的语义演变分析》，载《现代语文》，2009（2）：140-141；梁吉平、陈丽：《释"山寨"》，载《语文建设》，2008（10）：52-54。

从上面的句子可以看出,"山寨产品"最突出的特点是对已有产品较为拙劣的模仿,尤其是从外形和品牌设计上,以图浑水摸鱼,因此此类产品一般价格便宜,质量差。

广东是制造产品的大省,各类企业林立,这些企业水平参差不齐,很多小作坊就混迹于这个庞大的制作基地,它们规模小,没有正规牌照,产地隐蔽,因此相关部门很难对这类企业进行有效管理。从这个意义上讲,这些小作坊式的企业与古代在偏远地区安营扎寨的组织有一些相似之处,即它们都是政府疏于管理的地方。我们认为正是这个相似点使得人们把"山寨"一词用来描述上述非正规厂商生产的产品。但此处"山寨"一词的意义显然已经发生了一些改变,它除了表示生产厂商的非法性,更重要的是用来描述由这些非法厂商生产出来的产品特性。可以想见,一个不曾接受政府相关部门监管的企业所生产出来的产品会有怎样的特性。它通常是制作商为了牟取暴利而生产的,其使用的材料是廉价的,在生产过程中,他们不会考虑产品的质量;但为了获得消费者的认同,以更快地卖出产品回笼资金,他们就会模仿名牌,但他们又不敢明目张胆地模仿,只能打擦边球;以上所描述的都是典型的"山寨"产品所具有的特点。因此,"山寨"一词的含义从表示"与政府对抗"的组织义逐渐向"质量低下、价格便宜的仿真货"的意义转变。但有意思的是,在向上述意义转变时,"山寨"也保留了一些"与政府抗衡的组织义"。如:

(46) 山寨文化是进步还是退化?主流文化是

否需要招安山寨文化?

（47）一位知情人告诉记者，山寨手机的厂商们不是不想"弃暗投明"，而是"转正"后无法适应目前的行业准入制度。有的"山寨王"更是直言：不招安是死，招安会死得更快。

从上述例子可以看到，作为非主流的"山寨产品"也同古时候的"山寨军"一样，面临着如何抉择自己的命运的难题——是融入主流还是继续做草莽流寇。因此，在描述"山寨产品"的这一选择时，人们也沿用了已有的"招安"的说法。这就说明尽管发生了语义转变，但旧有的语义仍滞留（stagnant）在"山寨"中。综上所述，山寨的意义转变可以概括如下：

地理位置义——组织义——质量低下且价格便宜的仿真货义

我们认为"山寨"的上述意义转变实际上反映了转喻的认知模式。前文提及，转喻实质上就是在一个概念域中整体与部分，以及部分之间的相互替代的认知现象。我们认为在上述"山寨"词义的发展过程中，主要是通过部分替代部分的转喻而实现语义变化的。这一转变也可以解释为：作为一个整体概念域，"山寨"同时包含了上述意义，但不同时期它突显的意义不同，之所以在特定时期突显特定意义，是因为已有的概念可以激活新的意义，这种激活之所以可能发生是建立在两者具有极强的相关性的基础之上的，换句话说，两者处于同一概念域，可以通过概念转喻获得连接。

截至目前，我们所看到的"山寨"更多地呈现出名词性，它表示某一类产品，但逐渐地其词性也开始发生变化。如：

（48）日前，有网友总结了部分穿山寨礼服的女星，身陷"婚变风波"的伊能静也位列其中，被指"山寨"了范思哲（Versace）为舒淇量身定做的礼服。

（49）实际上，我们至今也未能看出被"山寨"过的春晚有什么含金量。

（50）这些长相酷似明星的山寨版拿捏着明星的做派，像明星一样参加演出、代言广告的架势，雷倒一片网民。

（51）李嘉欣大婚的红色礼服已经有了山寨版。

（52）西安一位邀请过山寨明星拍摄电影的导演表示，山寨明星这个圈子的管理方式也很"山寨"。

（53）对于这些被观众称为"很山寨"的段落，阿甘则认为，"影片只是集结了各种元素的歌舞表演，以达到喜剧效果而已，我们是在很正经地做一件有趣的事情，并非粗制滥造"。

例（48）和例（49）中的"山寨"开始与动词标记"了、过"搭配，这说明此处"山寨"已经作为动词在使用；例（50）和（51）中的"山寨"和表示非谓形容词的词语模[1] "X版"结合在一起，构成了一个非谓形容词。而例（52）和例（53）中的"山寨"则受表示程度的副词"很"的修饰，两者一起在句中分别做谓语和定语。这一特征是典型的形容词才具备的特点，因此我们可以就此说"山寨"的句法功能也开始向形容词转变。汉语中没有像英语那样可以通过在名词后面加某个词缀，以使其成为形容词，只能硬生生地在其前面加像"很、更、太"这样的副词来让名词临时成为形容词（胡明扬，1992）。但如果这种临时性的用法用的人多了，就会慢慢地形成名词和形容词的兼类现象。比如：很气派，很传统，很青春，很激情，很阳光，很淑女……接下来我们将关注"山寨"的词性是如何从名词向形容词和动词等用法转变的。

其实语言表层的词性转变必须要以语义转变为基础，因为认知语言学奉行语义决定语言单位的句法表现的观点，并且语义和句法也构成了一个连续体。张伯江[2]（1995）在讨论名词活用时，曾以空间性和时间性为两极，描写出如下的词类连续统：

名词　非谓形容词　形容词　不及物动词　及物动词
　·　　　　·　　　　·　　　　·　　　　·

上述连续体表示名词的空间性最强，及物动词的时间性

---

[1] 李宇明：《语法研究录》，北京：商务印书馆，2002年。
[2] 张伯江：《词语活用的功能解释》，载《中国语文》，1995（5）：339–346。

最强，其余的词类则既具有空间性也具有时间性，只是程度有所不同。这种空间性和时间性之间的对立就导致各词类之间句法功能灵活性的差异。根据张伯江的研究，典型的名词是不太容易发生词类功能的游移的，因为它具有很强的空间性，前面可以加量词。但是当其意义已经抽象化，其空间性也相应地丧失，它的语法功能也会相应地受到影响。

通过搜索北京大学古汉语语料库中"山寨"一词的用法可知，它主要表示充当军事工程的山庄和人们居住的地方（以前者为主），其实无论表示何种意义，它在古汉语中都是一个非常具体的地点，空间性很强，是一个地地道道的名词，很难出现形容词和动词的用法。但由于该地点与"和政府抗衡"的草根组织联系（associate）在一起，所以它也开始具有一些"表示与主流对抗"的象征义，但此时这种意义还不够固化，还不足以影响其语法行为，前文提及这种意义的变化为该词今天词性的变化打下了基础。在古代汉语中我们没有发现"山寨"可以活用为动词或者是形容词的现象。通过上文的分析可以看到，目前流行的"山寨"中，虽然它开始也主要以名词用法为主，但由于其语义已经逐渐抽象化，它的语法功能就很容易发生游移。于是它的句法功能就基本横跨了上述连续体：

（54）山寨本低，易聚人气。

（55）要么挺"山寨"，要么倒"山寨"。

（56）Anycell 是 Anycall 的山寨版。

（57）层出不穷的各种山寨版似乎渗透到了各个领域，山寨文化俨然成了气候，甚至有人惊呼

"无人不山寨"。

（58）不过这方式，太老土了，太山寨了……摆字形貌似是我以前上大学的时候流行过的，不过现在，恐怕高中生都觉得不屑了。

（59）和刘锋一样很"山寨"的人不少，他们都极力推崇"山寨"产品。

（60）惠普2133惨遭山寨。

（61）比如他们就有一部直接照搬内地《还珠格格》的剧集在当地收视率颇高，当然听起来也让我们有些得意，终于有人"山寨"我们本土国剧了。

值得注意的是，即使是用作名词，"山寨"一词也不指代某一固定的对象。比如例（54）中的"山寨"主要指某种趋势，而例（55）中的"山寨"则既可以表示山寨产品，也可以表示生产山寨产品的厂商。这说明"山寨"的意义已不固定，它几乎可以指代任何该概念域中的事物，包括生产商、产品、现象等。我们认为正是这种意义的不确定性使得其词义发生进一步分化，从而使得其词性也产生变化。所以在张伯江词类连续体的基础上，我们认为还有必要把名词细分为表示具体事物的名词和表示抽象意义的名词，这样可以更为清晰地描述词类变迁的路径。例（56）和（57）中的"山寨"通过加入"X版"已经产生了非谓形容词的用法。根据朱德熙[1]对词语的分类，非谓形容词（区别词）属于体词。

---

1 朱德熙：《语法讲义》，北京：商务印书馆，2000年。

而体词的主要语法功能是作主语、宾语。张伯江[1]也指出：从句法上说，非谓形容词的谓词性最弱，而与名词相近之处颇多。但不论怎样，结合上述张伯江所提出的词类连续体，我们可以看到"山寨"已经开始迈出词类功能游移的第一步。例（58）和（59）中，山寨受程度副词"太、很"的修饰，在句中分别作谓语和定语，在此处其句法功能已经接近于形容词，表示事物的属性。我们认为这种句法功能的变化也是以词义的变化为前提的。根据兰盖克[2]，名词突显事物，形容词和动词突显关系，只不过形容词所突显的关系为静态的，而动词所突显的关系是动态的。我们可以看到例（59）中的"山寨"应该表示主语"方式"的某种属性，通过后文以及结合"山寨"的本义可以推知这里"山寨"主要是表示"仿照已有形式，没有创意"的意思。由此可知，该意义主要表示事物的某种属性，因此它和事物产生了某种联系，根据兰盖克的定义此时的这种联系是没有时间性的（atemporal）。但这并不是说属性的存在是永恒的，只是因为它依附在事物上的时间较长，人们则容易选择忽视这种时间。这个意义当然也是从名词"山寨"中演变而来的，前面提及，"山寨"产品主要是依靠仿照已有产品（特别是名牌产品），投入极少的成本而存在。它往往可以使人们联想起"没有创意，产品质量差"等含义，因此"山寨"一词很容易作为本体（vehicle）来激活该目标，此处为本体所具有的相关属性。

---

1 张伯江：《词语活用的功能解释》，载《中国语文》，1995（5）：339-346。

2 R. W. Langacker: *Foundations of Cognitive Grammar: Theoretical Prerequisites*, Vol. 1, Stanford: Stanford University Press, 1987.

我们认为这种转喻思维是"山寨"从名词转向形容词的根本原因。例（60）和例（61）都显示"山寨"开始具有动词的句法功能，此时的"山寨"就具有了时间性（temporal），在上述例子中它分别表示即将以及在过去某个时段所产生的行为。这种词性功能的转变也是基于转喻这种认知模式的，"山寨"最初是用来表示"假冒伪劣"产品的，但这一产品是由某种行为所制作出来的，二者之间具有因果联系，因此作为结果"山寨"产品很容易激活人们心中对原因"行为"的联想，于是"山寨"就很可能指代生产这一产品的行为。基于此认知操作，"山寨"的词性就发生了变化，开始具有了动词的功能，可以在句中作谓语。

随着"山寨"一词的逐步发展，其运用范围也不会仅局限于电子制造业，人们把其适用范围扩展至表示任何"对已有产品的模仿，质量低下，非主流"等意义上，于是我们就看到了如下用法：

（62）多少年来，无人敢叫板央视春晚；而今，终于诞生了挑战权威的草根、蔑视精英的山寨，让春节晚会回归与民同庆的娱乐本身。

（63）网络使文学有了另一个标准。如果说传统文学是庙堂的话，网络文学就是山寨，就是水泊梁山。

（64）日前，有网友总结了部分穿山寨礼服的女星，身陷"婚变风波"的伊能静也位列其中，被指"山寨"了范思哲（Versace）为舒淇量身定做的礼服。

（65）西安一位邀请过山寨明星拍摄电影的导演表示，山寨明星这个圈子的管理方式也很"山寨"。

上面的例子显示，"山寨"不仅用于电子产品，还被扩展到了其他领域，比如春节联欢晚会、文学、服饰以及明星领域。这些被扩展的领域与电子制造业类似，都被说话人制造出了一种主流与非主流的对立，换句话说在上述"山寨"所运用的领域中都有一个相对权威的事物存在。比如在中国春节时最为主流的晚会就是中央电视台所举办的春节联欢晚会；文学中也是如此，一般人们普遍认为经过主流出版平台出版的才是文学，而在网上传播的则是非主流的，也即山寨的，与主流文学是对立的关系；同样在礼服领域也是如此，一般来说礼服都是由较为高端的服饰品牌设计的，做工精良，但同时成本也高，这种高成本使得一些人会选择非品牌的高仿品来代替，从而节约成本，因此原件和仿制产品之间就形成了一种对立；类似的对立也发生在明星与长得像明星的人之间，明星一般具有较高的认可度，他们的社会地位较高，更容易名利双收，有些长得像明星的人就会借用明星的优势，来获得更多的资源。因此，上面的讨论显示，"山寨"一词的应用范围逐步扩大到其他领域，已经不再局限于电子制造品，伴随着这种扩大的是其意义的泛化（generalization），也即意义的抽象。现在人们再提到山寨时，曾有的贬义色彩（比如假冒伪劣，与主流抗衡）逐渐消失，它越来越扩展至只表示"模仿"的意思。这也符合语义变化的规律：意义从具体逐渐向抽象转变，运用范围从特定领域扩展至其他领域。

上述分析表明,"山寨"一词从典型的名词向非谓形容词、形容词以及动词的转变都是基于人们的"转喻"思维而产生的,这种转喻思维具体表现为"山寨"作为事物可以激活该事物所具有的典型属性以及制作该事物所需要的行为,由此"山寨"的词性才可能发生变化。我们的分析也佐证了认知语言学所提倡的语义和句法之间并没有截然清晰的界限的观点,语言单位的意义在很大程度上决定其在句法层面的表现,或者说语言单位的句法属性是更高层级的语义,形式语言学把两者分割开来的做法是不符合语言现实的。

除了上述认知原因,山寨词性的转变也有交际原因。根据桂诗春[1],人的短时记忆是语言的中央处理器,它容量有限,而且瞬息即逝,所以口头交际都讲求效率,这就产生源于规则而又突破规则的策略性行为。因此,在暂时找不到其他符合语法规律而又语义贴近的词来表达说话人的意思时,说话人宁愿打破语法规则,来满足交际的效率性。在把"山寨"临时活用为形容词或动词时,人们只是想在短时间内找到能表达自己意思的词,以达到交际目的。"山寨"的出现比较突然,人们暂时还没有想到用什么样的词来描述相关的产品和现象,只有借助"山寨"这个词来解围。但值得注意的是,交际上的需求是建立在转喻这种认知方式的基础之上的,没有这种方式,上述交际需求也不可能得到满足。

综上,本节借助于认知语言学中的"概念转喻"(认知

1　桂诗春:《从"这个地方很郊区"谈起》,载《语言文字应用》,1995(3):24-28。

参照点的一种）这一认知方式分析了汉语流行语"山寨"一词的最新语义的产生及语义变化对其词性所产生的影响。首先，该词能成为流行语并非偶然，它建立在延续很长时间的"山寨"文化上。由于地处偏远，"山寨"更容易被与政府抗衡的组织选择为据点，由此，其"地点义"逐渐由"组织义"取代。这种取代是基于"地点代替组织"的转喻而产生的。随着现代制造业的兴盛，有些人也开始采用一些小作坊式隐蔽的生产方式，这样他们可以避开国家机关的监管，这种模式与古代的"山寨"组织有类似之处，因此人们就开始用"山寨"来描述这类现象。由于上述生产方式是为了通过最少的投入赚取最大的回报，因此可以想见生产厂商会采取最廉价的原材料、最粗糙的做工，产品质量很难得到保障，为了吸引顾客的目光，他们主要借用"名牌"效应，因此"山寨"就有了"假冒伪劣"的联想义（associative meaning），这是用概念域中一个部分来替代另一个部分的转喻。此外，通过"山寨"还可以唤起此类产品所拥有的典型特征，比如"仿制、质量低劣"等，由此就产生了"山寨"的形容词用法；作为与"山寨"产品具有因果关系的行为也很容易通过溯因认知（abduction）被"山寨"激活，这种联系使得"山寨"在必要的情况下可以作为动词使用。由此"山寨"就产生了上述的从名词到形容词再到动词的用法。本节的研究表明无论是"山寨"的词义还是其句法功能的转换都是与"转喻"这类认知功能密不可分的。

第三节　象似性视角下的词汇研究

前两节分别用隐喻和转喻探讨了词义的变迁。本节将用象似性原则（具体为声音象似性）来考察美国经典小说《了不起的盖茨比》中词汇所体现的声音象似性，以及这类象似性在人物描写中所起到的重要作用。

语音是语言最重要的物质外壳，也即语言最重要的表现形式。虽然索绪尔认为它与其表现的概念意义之间的关系是任意的，但索氏所说的音响效果是一种高度抽象的，脱离语言使用现实的事物。事实上，很多研究表明在语言使用的过程中语音与概念意义之间的关系并非索氏所讲的那般毫无踪迹可寻。叶斯柏森[1]就曾从语音的角度将语言的起源归为四种假设：（1）感叹说（又称"啵啵说"，the theory of Pooh-pooh）；（2）拟声说（又称"咆哮说"，the theory of Bow-wow）；（3）声象说（又称"叮咚说"，the theory of Ding-dong）；（4）喘息说（又称"呦嘿说"，the theory of Yo-he-yo）。另外，佛格涅（Fogany）[2]还发现了以下三个原则。首先，特定的情感与特定的发音方式对应：如人们在表达愤怒等负面情绪时，发音器官较为紧张，喉咙肌肉会收缩；表达"攻击"态度时会延长辅音，缩短元音；表达温柔情感时咽喉肌肉放松，声音较低，发音缓慢渐进。其次，发音器官的运动与身体姿态一致：如表达高兴和柔和的情感时，舌头会

1　Otto Jesperson: *Language: It's Nature, Development and Origin*, London: Allen and Unwin, 1922.
2　王寅：《认知语言学》，上海：上海外语教育出版社，2007年。

向前运动，这就对应于身体或情感上接近对方的倾向，体现出亲近和友好的态度；反之在表达对立和悲伤时，舌头则向后运动，对应于身体和情感的向后收缩。最后，不同程度的紧张、延时和言语速度反映不同程度的情感。得克萨斯州奥斯汀市的沟通分析顾问公司研究了120名管理者的讲话，发现说话声音的重要性是所传达内容的两倍。在说话内容既定的情况下，声音可以反映说话人的情绪、态度、性格、教养以及教育水平等重要信息。听话人在很多情况下并不关注说话人说了些什么，而是把焦点放在说话人的声音上，因为说的内容在很大程度上取决于说话人，具有很强的主观性，而一个人的声音若非刻意训练，就会暴露其话语中未传达的信息，从而更具参考价值，因此现在市场上有很多针对声音的培训，就是为了更好地展示人们的形象和气质。这些研究都向我们彰显了语音与其所表达的意义的对应关系，如果我们仍依然坚持"声音与意义之间是任意关系"的观点，那么我们就很难认识到声音的真正价值，也就很难改善和提升自己的声音品质。

语音象似性主要体现在词汇层面上。语言中某些形式能引起人们的某种心理联想，这种语言现象被称为语音联觉（phonaesthesia）或叫语音象征（sounds symbolism）。叶斯柏森（Jesperson）曾说，不能把语音象征仅看成是语言最初创造时的力量，相反，语音象征恒久地发挥着作用，使词与意义更加适当相关。发声与其所表示的意义之间存在很多自然的相似关系[1]。除了拟声词，语音的象似性还表现在语音象征方面，具体指音义之间存在着某种内在的统一性。根据胡壮麟[2]，语音模式一旦跨越句子的界限，这种手段就应认为具有衔接功能。在《了不起的盖茨比》这一小说中，作者菲茨杰拉德也借用了声音象似性来使读者认识小说中的人物。他主要通过声音传递了人物的情绪、态度属性以及学识和教养水平。首先，声音可以表现一个人的性格，不同性格的人采用的说话的声音不同。比如在描述汤姆（黛西的丈夫）的声音时作者写道：

（66）His speaking voice, a gruff husky tenor, added to the impression of fractiousness he conveyed. There was a touch of paternal contempt in it, even toward people he liked—and there were men at New Haven who had hated his guts.

汤姆在学校时是一个运动员，家庭富裕，傲慢而自私，在与人说话时总带着某种优越感以及对他人的不尊重，此处作者认为汤姆的音质就传递了他的内心世界的想法。又如当他询问尼克的职业时，他毫不掩饰地说：

（67）What you doing, Nick?

1　王寅：《论语言符号的象似性》，载《外语与外语教学》，1999（5）：4-7。
2　胡壮麟：《语言的衔接与连贯》，上海：上海外语教育出版社，1994年。

I'm a bond! Man.

Who with?

I told him.

"Never heard of them," he remarked decisively.

This annoyed me.

"You will," I answered shortly. "You will if you stay in the East."

"Oh, I'll stay in the East, don't you worry," he said, glancing at Daisy and then back at me, as if he were alert for something more. "I'd be God damned fool to live anywhere else."

这段话描述的是汤姆如何询问尼克的职业。当尼克告知汤姆与他合伙的人时，他非常直白地回答说：从来没听说过这个人。言外之意这个人不是有名的人，也不重要。当尼克赌气地说只要你待在东部地区你就会知道的，而汤姆则带着挑衅说：你不要担心，我会一直待在这里，如果我到别的地方去才真他妈的愚蠢。汤姆采用较为简短的句式，这种句式的特点就是直奔主题。可见在整个交谈的过程中，尼克毫不掩饰自己的优越感和咄咄逼人，这也显示了他缺乏应有的教养。

除了表现人的教养，声音还可以展示人的情绪，因为人在不同情绪下说话，其声音不同。当说话人的情绪平静时，他的语速缓慢，语调低沉，说话的内容也条分缕析。但人在情绪激动（包括过度兴奋和过度悲伤）时，说话的速度偏快，一旦如此，其话语就有可能出现磕巴以及含混不清的现象。如：

（68）I'm p-paralyzed with happiness.

这句话是黛西第一次见到尼克时所说，作者通过重复单词"paralyzed"的首字母形象地描述了黛西当时的激动心情，以至于她说话都出现了轻微的结巴。这与后文的"promising that there was no one in the world she so much wanted to see"呼应。然而作者随后写道"That was a way she had（那是她惯用的手法）"，就把读者对黛西刚建立起的"热情"的印象打破了，读者很容易在大脑中构建起这样一幅画面：黛西不惜通过表演自己结巴来表现出自己很热情的样子，但了解她的尼克一眼识穿了她的把戏。这样的描写一下子就使读者认识到黛西在社交场上的圆滑和虚伪。又如：

（69）One of the men was talking with curious intensity to a young actress, and his wife, after attempting to laugh at the situation in a dignified and indifferent way, broke down entirely and resorted to flank attacks—at intervals she appeared suddenly at his side like an angry diamond, and hissed: "You promised!" into his ear.

此处描述的是在一次盖茨比的聚会中，当一位男士非常投入地与一位女演员聊天时，其妻子在试图表现高傲的冷漠时失败的情景。她气急败坏，此处作者把她比作一条响尾蛇

（diamond），我们知道当蛇想要发起进攻时，会嘶嘶地吐信子，因此作者用表示蛇的攻击的声音"hiss"来描述她对其丈夫说的话，此处hiss与前面的attacks以及diamond形成了呼应，取得了语篇的连贯。又如黛西在其婚礼前夕喝得酩酊大醉，她对好友贝克说了以下的话：

（70）"Gradulate me," she mutered. "Never had a drink before, but oh how I do enjoy it."

"What's the matter, Daisy?"

"Here deares'." She groped around in a waste-basket she had with her on the bed and pull out the string of pearls. "Take'em down-stairs and give'em back to whoever they belong to. Tell'em Daisy's change, her mine. Say: 'Daisy's change' her mine!'"

喝醉之后人容易口齿不清，此处作者用语音象似性生动地表达了黛西喝醉的程度。注意文中的画线部分，它们都表示被吞音之后的音响效果，其中Gradulate代表Congradulate，take'em表示take them，give'em表示give them，tell'em表示tell them，最后mine表示mind。通过上述例子可见，黛西当时醉酒厉害。婚礼前夕一般是一个人最为幸福的时刻，但黛西却在此时选择醉酒，酒后吐真言，她让贝克把汤姆的定情信物退还给他，并告诉他自己已经改变主意，这说明她对汤姆并不十分中意，而对盖茨比仍存依恋之情，这也为她婚后生活的不幸埋下了伏笔。总之，此处的声音象似性与后文保持了连贯性。

再如当威尔逊先生得知他的太太被撞死之后陷入了巨大的悲恸中，作者是这样描写他向警察提供笔录时的情形的：

（71）"Oh, my Ga-od! Oh, my Ga-od! Oh, Ga-od! Oh, my Ga-od!"

Presently Tom lifted his head with a jerk and, after staring around the garage with glazed eyes, addressed mumbled incoherent remark to the policeman.

"M-a-v-" the police was saying, "-o-"

"No, r-" corrected the man, "M-a-v-r-o"

"Listen to me!" muttered Tom fiercely.

"r" said the policeman, "o-"

"g-"

"g-" He looked up as Tom's broad hand fell sharply on his shoulder. "What you want, fella?"

"What happened—that's what I want to know."

"Auto hit her. Ins'antly killed."

"Instantly killed," repeated Tom, staring.

"She ran out in a road. Son-of-a-bitch didn't even stopus car."

可以看到，威尔逊先生在开始时无法正常对话，他已经不能正常地说出每一个单词，仿佛已经临时性失去语言能力，就连平时最常说的再熟悉不过的"Oh, my God!"也无法说顺溜，他必须把它拆分成几个部分并重复多次来表达自己的震惊。当警察询问车子的名称时，他也无法连贯地说出，用拼读的办法才能说出。威尔逊先生此时异常悲伤，他还无法从突发的事故中缓解过来，他也没能接受这样的事实，因此在对话之初他通过延长每个单词的发音来调整自己，让自己能够冷静下来，并发泄自己的悲伤的情绪。随着时间的推移，威尔逊情绪逐渐回缓过来，当汤姆再次询问他发生了什么时，他的语言能力开始恢复，但吐字是含混不清的，如把instantly killed发成ins'antly killed，把stop his car发成stopus car。上述声音与威尔逊的情绪呈象似性，非常生动地表明了他当时的悲痛心情。这也为后面他想报复的心理埋下伏笔，心理学的研究表明，当一个人感觉自己被另一个人抛入绝望的深渊时，他会进入"被迫害妄想"心态，并对此人施加报复。所以当汤姆向他谎称是盖茨比杀害了威尔逊夫人，他就迅速地杀死了盖茨比，这也结束了自己的生命。原本他享受着自己与妻子的美好生活，他把这视为自己的人生转机，但当他的妻子被撞死时，对于他来说，报仇就是他的人生目标，一旦实现了这一目标，活着对他来说就已经没有任何意义，他便选择了死亡。前文通过语音象似性表达的悲痛心理正是其产生后续行为的根源。

声音不仅可以象似于人的情绪、态度和教养，还可以象似于人的文化水平以及身体状态。不同文化水平的人在说话时吐字的清晰程度不同，通过他们发出的声音就可以判断其受教育程度。例如故事中的威尔逊夫人处在社会中下层，几乎没有受过什么教育，这一点我们从她的言语中也可以观察到：

（72）"My dear," she told her sister in a high

mincing shout, "most of these fellas will cheat you every time. All they think of is money."

在一次私人聚会上，威尔逊夫人正在向她的妹妹传授关于男人的经验，她认为所有的男人都不可靠，他们只想着骗女人的钱。她在表达这些内容时采用了非常高的音量（a high mincing shout），这在公共场合是非常不礼貌的，这说明威尔逊夫人是缺乏教养的。另外句中她把fellows说成fellas，显示出她的教育水平很低。此处作者故意使其声音与其教养和文化水平象似，使读者可以更加了解威尔逊夫人，从而也更加了解与她厮混的汤姆的人品和习性。通常气味相投的人更容易走到一起，可见汤姆这个人也是极度粗鲁和缺乏教养的。又如故事中盖茨比的朋友沃夫谢姆（Wolfsheim）在初次见到尼克时对盖茨比做出了这样的评价：

（73）He's an Oggsford man.
Oh!
He went to Oggsford College in England. You know Oggsford College.

沃夫谢姆把Oxford说成Oggsford，他连世界知名度如此之高的大学的名称都无法正确地说出。除了Oggsford，书中几次写到他还把connection说成gonnection。这类常用的词他也无法正确地发音。上述两例说明沃夫谢姆没有接受过正规的大学教育，对学习不热情，对自己的语言输出也不甚注意。这样一个人号称是盖茨比的好朋友，我们也可以因此推断出盖茨比自身文化水准也不太高。

综上可见，声音象似性虽主要在词汇层面起作用，但它对语篇的连贯具有重要意义，因为透过这一象似性，读者可以推断出说话人的性格、情绪、心态以及教育背景等重要信息，因此词汇层面的任意说是站不住脚的。

第四节　结语

本节主要运用认知语言学中的隐喻、认知参照点以及象似性原则对词汇层面的语义和语法变迁进行了解释。其中，隐喻被用来解释了英语介词above的语义扩展和延伸，发现通过隐喻的作用，其意义可以投射至速度、数量、音量、时间（包括年龄）、能力、标准（standard）以及权力等抽象概念域。这种投射并非随机发生，而是建立在丰富的体验基础之上的，因为上述概念中都含有程度义和数量义，而这些意义与垂直空间通常是呈正相关的。研究表明隐喻并非传统研究所认为的一种修饰性语言，相反，它是人类根本的思维模式，贯穿于我们日常的语言生活中，词汇中隐喻现象只是隐喻思维的一种表层反映。认知参照点（具体为转喻）则被用来考察汉语流行语"山寨"的语义及词性的变迁。研究发现，该词的词性变化是以其语义变化为基础的，语义变化的根源在于人类的转喻思维。在古汉语中，人们就用"山寨"一词来指代与中央政府抗衡的草根组织，这种转喻思维使得"山寨"具有了组织义，也奠定了其成为流行语的语义基础，2008年所流行的"山寨"一词正是沿用了"与主流和权威抗衡"之义。随后，"山寨"就用来指代（或者说激活）制作产品、产品属性、制作行为等，这种转喻模式使得它可以具有名词、形容词以及动词的语法功能。对"山寨"的研究也印证了认知语言学所提倡的语义和句法之间并没有截然清晰的界限的观点，语言单位的意义在很大程度上决定其在句法层面的表现，形式语言学把两者分割开来的做法是不符合语言现实的。最后，本章用声音象似性分析了美国经典小说《了不起的盖茨比》中词汇所呈现的象似性，发现词汇的声音与意义之间并非完全像索绪尔所说的那样是任意性的关系，声音在很多情况下可以展现一个人的性格、态度、教育背景等重要背景信息。这种象似性不仅在词汇层面具有作用，对整个语篇的连贯也起着重要的作用。总之，通过本章的研究发现，隐喻、转喻以及象似性对词汇层面的语言现象具有很强的解释力。下一章则将继续考察三者在句法层面的作用。

第三章
认知视角下的句法解释

人民政治协商会议

上一章主要从隐喻、转喻和象似性三个认知角度探讨了词汇的语义变迁、词性的改变以及词汇的意义与语音之间的对应性。本章将继续以上述三种认知模式为理论指导，论证它们在句法层面所起的作用。与词汇一样，句子在认知语言学中也被视为象征单位，两者的区别仅在于复杂程度（complexity）的不同而已。其中，词汇是简单的象征单位，而句子是复合象征（complex symbolic unit）单位。句子是由词汇通过整合的方式形成的，但词汇之间的整合是建立在两者具有语义对应性（semantic correspondence）的基础之上的，这种语义对应性实质上就是一种范畴化关系（categorization relation）。根据兰盖克[1]，在整合的过程中，必定存在一个自主单位和一个依存单位。其中依存单位提供语义空位（semantic elaboration site），自主单位则基于其与语义空位之间的范畴化关系填入该空位，并对之做出具体阐释，从而形成复合结构（比如短语），当所有的空位都被填满之后，就会形成一个句子，如：

（1）他经过图书馆。

1　R. W. Langacker: *Foundations of Cognitive Grammar: Theoretical Prerequisites*, Vol. 1, Stanford: Stanford University Press, 1987.

在这个例子中,"经过"作为位移动词,是一个依存单位,因为它预设着位移者和位移地的存在。"图书馆"与位移地之间具有范畴化关系,也即"图书馆"可以是"位移地"的例示(instantiation),因此它可以填入"位移地"这一空位,从而形成短语"经过图书馆";"他"与位移者之间也具有范畴化关系,两者具有整合的语义基础,当"他"填入"位移者"空位时,自主单位"经过"所预设的所有空位都被填满,因此就形成了一个复合象征单位(即句子)"他经过图书馆"。由此可见,认知语法在分析句子和词汇时采用的方法是一致的。在分析句法的过程中,根据信息的突显程度,兰盖克又区分出了句法射体(Syntactic Trajector)和句法路标(Syntactic Landmark)。其中前者指在句中最突显的信息,一般对应传统句法研究中的主语,而后者指在句中次突显的信息,一般对应于传统句法中的宾语。认知语法提出,通常情况下句法射体对应于自主行为者,比如例(1)中的"他"就是行为的发起者,而句法路标对应于被射体作用的对象,比如例(1)中的"图书馆"没有行为能力,它只能接受人对它的行为,因此它是路标。但由于人的识解的作用,信息的突显程度也并非是一成不变的,通常被识解为路标的物体在某些情况下则可能被识解为射体,但这种识解是违背常规的,因此被称为有标记的识解编码方式(marked coding)。被动句就是其中一种。通常情况下施事被编码为主语,而受事要么被编码成宾语,要么不在句中出现。如:

（2）张三骗了李四。

（3）李四被张三骗了。

例（2）是主动句，是常规性的无标记表达，因为其中的句法顺序符合兰盖克的弹子球模型（billiard-ball model）的能量流动方向，因此是对事件的自然识解模式（natural construal of event）[1]；例（3）是被动句，是非常规性的有标记表达，因为其语序与弹子球模型的能量流动方向相反。这种句型产生的动因在于受事被识解为更突显的语义角色，而施事被识解为不太突显的语义角色。这就出现了一种射体和路标的转换（TR-LM reversal）。

但是句法的标记性非绝对的概念，在一种场景下是有标记的表达，在另一种场景则可能变成无标记的表达。从上述分析可见，当与主动句相比较时，被动句就是一种有标记的表达。但当被动句与本文即将研究的新兴被字句对比时，它则可能成为无标记的表达。

新兴被字句是2009年的十大流行语之一，它与传统语法中的被字句有很大的不同，下文将两者分别称为新兴被字句和传统被字句。该句型最初主要产生于一些震惊国人的社会热点事件中，比如"被自杀"主要讲述的是一个多次举报某地方政府修建豪华办公楼的李某某在狱中莫名死亡，检察机关的调查结果认定他是自杀身亡，但其家人却对此结论表示怀疑，提出死者并没有自杀动机和倾向，因此网友就把这

---

[1] R. W. Langacker: *Concept, Image and Symbol: The Cognitive Basis of Grammar*, Berlin: Mouton de Gruyter, 2002.

一事件命名为"被自杀"。从上面的回顾可以推测,"被自杀"主要指一个没有自杀动机的人,突然因某种变故而死亡；死亡现场呈现自杀的迹象,或被他人安排成自杀的样子。随后又发生了几起类似的事件,网友也统统用"被自杀"来概括。又如"被就业"说的是一些高校为了提升和保持学校的就业率和竞争力,就要求没有就业的学生自己随便找个章盖在协议书上证明自己就业了,否则就要受到学校的处罚（比如扣押毕业证）。学生们就戏称自己是"被就业"了。被字句的新用法催生了被字句的迅速发展,人们随后用该表达来表示一些不透明不公平的现象,包括被自愿、被捐款、被满意、被主持等。可见此类句法结构是人们对社会中个别不公平现象在语言上的反映,这种语言上的反映则主要源于人们内心深处对不透明现象的憎恶,对自己的命运没有控制权的无奈。通过上述罗列可以大致看出,被字句的新用法与传统意义上的被字句无论在句法层面还是语义层面都有很大的差异,可见对被字句的已有研究和结论不能完全适用于新兴被字句中,我们需要重新审视并考察被字句,使之可以涵盖这类新的用法。本书将从三个方面考察新兴被字句,分别是标记象似性、概念转喻和隐喻。其中,标记象似性主要探讨新兴被字句是如何偏离常规被字句的,概念转喻则研究此类结构产生的认知动因,隐喻主要解释此类结构中的一个子类的认知动因。研究将表明,隐喻和转喻并无明确清楚的界限,它们呈连续体分布,在某些情况下,它们共同作用产生新兴被字句。

第一节　新兴被字句中的标记象似性

标记象似性是以布拉格学派（The Prague School）的著名代表特鲁别茨柯伊（Trubetzkoy）和雅各布森（Jakobson）所提出的标记规则（The Marking Rule）为基础的[1]。他们认为在语言中存在着有标记（marked）和无标记（unmarked）两种对立。其中，无标记的表达式代表常规的、一般性的用法，而有标记的表达式则是违反常规的、不可预测的用法。一般而言，有标记的结构相对复杂，在思维处理过程中就需要较多的注意力，因此其分布范围比无标记用法窄[2]。最初，特鲁别茨柯伊只是把标记规则运用于音位学的研究中，但后来人们发现在语言的其他层面也存在着有无标记的对立，如形态学、语义学和句法等。比如在语义层面，男人是无标记项，女人则一般是有标记项，通常前者可以涵盖后者，而后者无法涵盖前者，一个比较显著的例子则是一般我们称较为德高望重的学者或大师为"先生"，即使她是女士也是如此，比如冰心先生、杨绛先生等，而从不把德高望重的男学者称为"女士"。

标记象似性的提出正是基于上述概念而来的，王寅[3]指出其主要内容为：有标记项象似于额外的意义，无标记项象似于可预测的信息。换句话说，带区别性特征的有标记的语言

1　沈家煊：《不对称和标记论》，南昌：江西教育出版社，1999年。

2　王寅：《标记象似性》，载《外语学刊》，1998（3）：51-56。

3　王寅：《标记象似性》，载《外语学刊》，1998（3）：51-56。

成分与其对应的无标记成分相比,表示额外的、不寻常的意义;无标记项常用来表示容易预测的信息,在交际时可以简化,乃至省略。比如[1]:

(4)甲:今天晚上我们一块儿去看电影好吗?
乙:行。
甲:今天晚上我们一块儿去看电影好吗?
(1.0秒的间隙)
乙:嗯,呃,恐怕不行。

在上述两个对话中,甲对乙发出了同样的提问,但乙做出的反应却不相同:在第一个对话中,乙迅速做出反应,说了一个"行"字表示同意;而第二个对话中乙的回应稍显缓慢,且其言说的内容也较长。一般人们在发出邀请行为时都是希望对方接受或者有把握让对方接受的,而被邀请方通常情况下也会接受,因为邀请这一行为对于被邀请方而言是有利的。因此在邀请中,"接受"是无标记的用法,而拒绝是有标记的用法。无标记的用法一般简短,而有标记的用法一般冗长,这主要是因为有标记用法所表达的意义比无标记用法所表达的意义更为复杂,因此从这个意义上看,标记象似性可视为数量象似性中的一种。上述两类回答分别象似于无标记用法和有标记用法。这个例子主要是从语用的角度论述了标记象似性,其实在句法层面也存在着标记象似性。本章

---

1 沈家煊:《不对称和标记论》,南昌:江西教育出版社,1999年。

的研究对象新兴被字句也体现了标记象似性。但值得注意的是，有无标记是一个相对的概念，一个表达式在一种情景下是有标记的，在另一种情景下却可能成为无标记用法。比如与主动句相比，被动句（包括被字句）就是有标记的用法；但当传统被字句与新兴被字句相比时，它又成了无标记的用法。下面我们将通过标记象似性考察新兴被字句与传统被字句之间的差异。在这之前，我们首先需要明确传统被字句这一无标记项的特点，这样才能发现新兴被字句是如何偏离这一常规的。

被字句属于被动语态的范畴，被动语态具有很强的语言普遍性，几乎所有的语言中都具有被动语态。从认知语言学的角度，这种普遍性主要源于人们在很多时候并不能完全自主地决定自己的行为，他们的计划常常遭遇一些意外的不可改变的因素的影响，也即他们常常被迫执行某种行为或者被迫承担某种后果。但是不同的语言在表现"被动性"时运用了不同的手段。下面我们主要考察汉语中被动性是如何得到表达的。

被动句作为汉语的主要句式之一一直都是各语言学流派所关注的焦点。研究者不仅研究了被字句的各个构成部分的语法、语义性质、其形成及发展历史，还运用不同的语言学理论对之进行解释，包括结构主义语言学[1]、生成语法[2]、配价

---

1 祖人植：《"被"字句表义特性分析》，载《汉语学习》，1997（3）：47-51。
2 吴庚堂：《"被"字的特征与转换》，载《当代语言学》，1999（4）：25-37；邓思颖：《作格化与汉语被动句》，载《中国语文》，2004（4）：291-301。

语法[1]、认知语言学[2]（熊学亮、王志军，2002）等，获得了丰富的研究成果。下面我们简单回顾一下已有研究。

通过查找古典文献可以发现，被字句的标记"被"最初也是一个实义动词。如：

（5）东方曰夷，被发文身。（《礼记·王制》）

（6）辛有适伊川，见被发而祭于野者。（《左传·僖公十二年》）

上两个例子中，"被"字都读作"pi"（平声），做"披"用，此时"被"主要表示"覆盖"的意思。我们知道，被覆盖后就更容易遭到覆盖物的影响，因此后来"被"字的语义逐渐发生转变，表示遭遇的意思。如：

（7）万乘之国，被围于赵。（《战国策·齐策》）

（8）曾子见疑而吟，伯奇被逐而歌。（《论衡·感虚》）

上述例子中，"被"字的意义已经虚化，在句法上它不是谓语动词，而是与谓语动词搭配的表示被动意义的标记。

1　范晓：《被字句谓语动词的语义特征》，载《长江学术》，2006（2）：79-89。
2　熊学亮、王志军：《被动句式的原型研究》，载《外语研究》，2002（1）：19-23。

不过学者们仍认为这种用法的出现还不能说明"被"字已经完全语法化为表示被动意义的标记，它只是直接促成了被字句的产生，只有到"被+名词+动词"这类结构产生后"被"字才算完成了语法化的过程[1]。下面我们从句法和语义等方面回顾对被字句的已有研究。

首先，从句型结构上看，学者们把被字句主要分为如下几类：①N_1P+被+VP；②N_1P+被+N_2P+VP；③N_1P+被+N_2P+所/给+VP。值得注意的是，此处的N_1P代表施事，N_2P代表受事。上述第一类被动句被称之为强式被动句，因为在该类句型中被动关系表现得直接、纯粹而充分；第二类是弱式被动句，因为该句型中"被"字之后引进了施动者，被动关系则表现得不直接，显得有所掺杂、不够充分；第三类则处于强式被动句和弱式被动句中间[2]。很多学者（如邢福义[3]）认为第一种被字句是第二种被字句的省略，即施事不可知或不必说的时候，"被"就直接用在动词前面。其实无论在强式还是弱式被字句中，主语都是受事，但从生命度（animacy）来看，受事则既可以是有生的（animate），也可以是无生的（inanimate）。如：

（9）小李被小王揍了。（有生主语）

---

1 张谊生：《助词"被"的使用条件和表义功用——兼论"被"的虚化轨迹》；洪波、吴福详：《语法化与语法研究》，北京：商务印书馆，2003年；李姗：《现代汉语被字句》，北京：北京大学出版社，1994年。

2 刘叔新：《刘叔新自选集》，河南：河南教育出版社，1993年。

3 邢福义：《现代汉语》，北京：高等教育出版社，1991年。

（10）衣服被雨淋湿了。（无生主语）

上述例子显示，被字句的主语（如"小李"和"衣服"）是谓语所表示的行为的直接承受者，并且它既可以是有生的人，也可以是无生的物。

其次，"被字句"的谓语一般是动词，但也并非所有动词都能充当"被字句"的谓语。范晓（2006）从配价的角度研究发现"被字句"的谓语动词具有［多价性］、［动作性］和［结果性］的语义特征。首先多价性指谓语必须是二价或三价以上的动词，比如上述例子中的"揍"就是个二价动词，它预设着一个施事者和一个受事者的存在。此外，出现在"被字句"中的二价、三价动词应具有［动作性］的特征。诸如关系动词、评议动词、形式动词以及大多数心理动词和性状动词等二价非动作动词不能组成被字句。

另外，由于"被字句"的语用意义是强调客体事物"受到"（某种人或物所发出的）某种动作或在某种动作的作用下发生某种结果情状（变化、移动、损失等），这就要求做谓语和述题的动词性词语还需要有"结果性"。因此并不是任何具有多价性的动作动词都能组成被字句，比如某些二价动作动词（如：代表、耕种、检讨、归还）就不行。总的来说，能进入"被字句"的动词具有［多价性］、［动作性］和［结果性］的语义特征。而且我们也可以得出这样一个结论，"被字句"的动词所表示的动作一定是施事发出来的。

（11）张三被李四骂了一顿。

这个例子中的谓语所表示的动作"骂"是由施事"李四"所发出的,而不是主语"张三"所发出,这也是被字句的特殊之处之一,即主语不是行为的执行者。

其次,从语义上看,被字句多表示受事的不如意的遭遇。前文提及,被字句中的行为表示受事的非自主行为,此类行为往往是人们意料之外的,也因此多是他们不愿承担的,所以非自主行为多表示不好的遭遇。比如同样表示意外地遇到某个事物,当遇到好的事情时我们很少采用被动语态,只有在遇到坏的事物时我们才用被动语态。如:

(12)我意外地在路上捡到了一百元钱。
(13)我意外地被大水堵住了去路。

例(12)中,"钱"是几乎每个人都想得到的东西,因此当我们在路上遇到一百元钱时,我们基本上不会说"*我意外地被捡到了一百元钱",而会用主动语态,虽然这种情况在意料之外,但也是我们想要的结果;但"被洪水堵住去路"却是我们不愿意看到的情况,因此我们会用被动语态。从上面两个例子可以看到,被动语态多与不如意的情况联系在一起。所以王力才提出了有名的关于被字句的"不如意说"。他指出:"被动者所叙述,若对主语而言,是不如意的或不企望的事,如受祸、受欺骗、受损害,或引起不利的结果等等。"[1]但后来学者们发现,被动语态除了表示不如意的遭遇,也可以表示一些中性的甚至如意的事件。比

---

1 王力:《中国现代语法》,北京:商务印书馆,1985年。

如：

（14）被子不知何时已经被泪流湿了。
（15）妈妈被闺女逗笑了。
（16）他被大家选为班长。

在例（14）中，对于"被子"而言，淋湿与否并不存在好坏的区分，所以它表示一个中性事件。例（15）中，"逗笑"则是一个积极的行为，是人人都愿意接受的事，所以此处被字句表示如意的事件。例（16）中"被选为班长"也是如意事件的例子。可见，被字句的语义确实发生了扩展，从表示不如意的事，到现在的涵盖中性甚至如意的事件。这也是语言发展的一个方向，从具有某种色彩含义发展至中性甚至与之前相反的色彩的意义。比如前文的"山寨"就逐渐从最初的贬义向中性发展，至于它能否发展至褒义仍需拭目以待。据此，很多学者[1]就进一步扩展并修补了不如意说，认为被字句中所表示的行为虽是受事意料之外的事，它既可以是不如意的，也可以是中性甚至如意的；但由于意外之事常常不在受事的预期中，因此对于受事而言被字句倾向于表达不如意之义。

正如张伯江[2]所说，被字句具有强受事性，即受事受到来自外界某种力量的影响。此外，他还把被字句视为一个构式

1　邵敬敏：《汉语语法专题研究》，桂林：广西师范大学出版社，2003年。
2　张伯江：《被字句和把字句的对称和不对称》，载《中国语文》，2001（6）。

并强调，受事性应该是被字句这个句式带来的，而未必是动词本身所固有的。综上可看出，出现在被字句中的动词从语义上讲可以带有施动者的意志，也可以是中性的（不带施动者的意志），因为这个句式本身就有强受事性的蕴涵义。但这些动词绝不能带受事者的意志，否则就会和这个句式本身的语义发生冲突，这在传统语法中是不被允许的。

综上，虽然关于"被字句"的研究仍存许多争议，但截至目前学界就以下几点几乎达成了共识：首先从句法上看，被字句中的谓词必须为动词，但也并非所有动词都可以进入被字句，它们必须具有［动作性］、［结果性］和［多价性］的语义特征，并且上述动词所表示的行为由施事所发出；其次，从语义上看，整个句式虽可以表示中性甚至如意事件，但其原形义主要表示不如意的遭遇。综上，我们可以把传统被字句形式化为"N被（n）V"，此处的N代表受事，n代表施事，V代表施事对受事的行为。

上文回顾了传统被字句的句法和语义特点，这些特点可以被视为被字句的无标记用法。但新兴被字句所呈现的句法和语义特征与传统研究所得出的结论有很大的差异，换句话说，新兴被字句的句法和语义偏离了常规，是有标记的用法。从句法上看，很多学者[1]都注意到，新兴被字句的谓词与传统被字句中的谓词就有很大不同：首先，新兴被字句中的谓词不一定都是动词，这就不符合被字句的［＋动作性］的语义要求，它可以是名词和形容词（包括非谓形容词）。

---

1 曹大为：《被字新用法解读》，载《现代语文》，2009（11）：145-146；靳开宇：《"被＋XX"式词语结构模式分析》，载《长春大学学报》，2010（7）：48-50。

如：

（17）被网络、被证书、被国际化大都市……
（18）被晚期、被贫困、被寂寞……

此外，虽然该结构中的谓词可由动词充任，但这些动词有的并不具有［多价性］的语义特征。如：

（19）被增长、被忏悔、被退休……

上述例子中的动词都是不及物动词，它们的语义结构中只预设着一个论元，如"被增长"中的"增长"则只预设了"增长物"。此外，还有一些动词虽具有［多价性］，但不具备［结果性］。如：

（20）被忏悔、被道歉。

这些动词只是单纯地表示某个行为，至于这个行为所带来的结果则未蕴含在动词的语义中。最后，该类结构中的谓词所表示的行为并非像传统的被字句那样表示施事的行为，而是表示受事的行为。如：

（21）被不明真相、被让座、被生小孩。

上述例子中的谓词是动宾结构，但它却表示的是受事的行为，比如其中的"被让座"所表示的事件背景如下：在公交车上，有点老人强迫比他年纪小的人为他让座，被强迫者即使身体不适，也会在道德的压迫下被迫让座。可见，此处"让座"的行为完全是受事在施事的行为下不得已完成。

除了上述不同，新兴被字句与传统被字句还具有如下差异：首先，典型的被字句基本上都可以变为相应的"把"字句，而"N被X"构式则不能被转换为"把"字句。比如：

（22）张三被李四批评了。→李四把张三批评了。

（23）*毕业生被（学校）就业。→学校把毕业生就业了。

再者，在特定的上下文中被字句"N被V"一般可以直接省略地说成VN，而"N被X"则不能做这样的处理，而如果我们把"N被X"处理成NX似乎更合理一些，但这样做也改变了意义。比如，

（24）张三被李四批评了。→批评张三。
（25）*毕业生被就业。→就业毕业生。
（26）毕业生被就业。→毕业生就业。

从这个对比可以看到，被字句中，主语是直接受到来自后面动词的影响，如"张三"直接受到"批评"这个词的影响，因此可以把"张三"移到动词后面；而在"N被X"构式中，主语不是受X一词的影响，因此把主语移动到后面整个结构显得奇怪。主语和X之间似乎有主动关系，而不是像其结构

显示的那样应该是被动关系，因此把主语放在X之前好像更合理一些。当然，"N+X"≠"N被X"，可是这里让我们感兴趣的是主语明明和X之间存在主动关系，为什么还要在这两者之间插入一个表被动的"被"字呢？这样不是出现了语义冲突吗？

最后，两种结构中的主语部分也略有不同。被字句的主语既可以是有生的，亦可以是无生的。如：

（27）小李被小王揍了。（有生主语）
（28）衣服被雨淋湿了。（无生主语）

而"N被X"的主语则大部分都是有生的，只有极个别的为无生主语。综上，与传统被字句进行对比发现，新兴被字句在形式上完全偏离了被字句的无标记用法，它是有标记的。根据标记象似性的基本预设，有标记的形式象似于不可预测的意义，由此我们就可以推论新兴被字句表达的意义与传统被字句有所不同。下文将具体考察该类结构的意义。

从语义上看，新兴的被字句几乎都表示负面的遭受义，也即不如意之义，它们并不能像传统被字句那样可以表示对于受事而言较为中性甚至如意的事件。根据我们收集到的语料可知，新兴被字句的语义主要涵盖两种情况：首先是受事被施事宣称呈现出某种状态（或者执行某种行为），其次则是受事被施事强迫执行某种行为。如：

（29）去年圣诞节在哥本哈根气候大会上，美国人指责中国傲慢；两个多月之后，中国总理温家宝利用"两会"结束时的新闻发布会平台,向全世界申辩,中国是"被傲慢"了。

(30)在今年一浪高过一浪的留学热潮中,有很多学生既不清楚为什么要出国,也对海外生活完全没有做好准备,但因为父母的压力,就"不明不白"地出国了,如此被动的情景被留学的学生们自嘲为"被留学",其后果当然不尽如人意。

这两个例子中,例(29)表示中国被美国宣称为傲慢的状态,例(30)则表示学生被迫留学。可以看到,两个例子中所表示的事件对受事而言都是不利的。通过对比可知,传统被字句中并无"宣称"或者"强迫"的含义,这两类意义可以被视为新兴被字句所传递的特殊意义,是不可预测的。此处我们把新兴的被字句形式化为"N被X",其中N代表受事,X代表谓词,它可以由名词、形容词、不及物动词、及物动词甚至动宾结构充当,它几乎可以涵盖所有的词类,该类结构并不像传统被字句那样对谓词具有严苛的要求。

从上面的分析可以看出,"N被X"和被字句"N被V"貌似相似,实则有很多不同,而且还呈现出很多和被字句相左的语法现象。此处将这些差异概括为下表:

		传统被字句（N被V）	新兴被字句（N被X）
形式	谓语	谓词由具有［＋动作性］、［＋结果性］和［＋多价性］的动词充任	谓词可以是名词、形容词、不及物动词、及物动词和动宾结构，其中动词不一定具有［＋动作性］、［＋结果性］和［＋多价性］
	主语	既可以是有生的，也可以是无生的	只能是有生的
	转换	可以转换为"VN" 可以与把字句转换	不能转换为"XN" 不能与把字句转换
语义		谓词表示施事的行为 整个句式可表示不如意、中性以及如意之义	谓词表示受事的行为 整个句式只能表示不如意的遭受义

通过上表可见，与传统被字句相比，新兴被字句呈现出很多的不同，它极大地偏离了传统被字句这一无标记用法，伴随着它对传统的"反叛"的则是其表达意义的不可预测，也即新兴被字句形式上的有标记性象似于其意义上的有标记性，人们在看到这类形式时不会启用传统的加工被字句的模式，而会重新生成新的加工模式以更好地理解这类结构。从这个意义上看，新兴被字句的产生是符合标记象似性的。上面的论述显示，新兴被字句的很多特点已经打破传统被字句的藩篱，因此对于被字句的传统的研究已不能适应这种新的变化，我们有必要对此类现象进行重新认识，从认知的角度考察其产生的动因。虽然该类现象已经受到了学者们的关注，但我们发现已有研究并未很好地回答新兴被字句产生的缘由，因此还需要进一步研究以做出满意的解释。下文将首先回顾对新兴被字句的已有研究，然后在此基础上指出其不

足并试图给出新的解决方案。

第二节　对新兴被字句的转喻解释

本节的主要任务是从转喻的角度来解释新兴被字句的认知动因,我们首先将回顾已有研究并指出其中的问题,然后试图在转喻的框架下解决这些问题。但在用转喻解释这些现象时我们也发现已有的转喻理论无法很好地解释新兴被字句,因为目前对它的研究仍停留在词汇层面,本部分则把其运用范围从词汇层面扩展至事件层面,使之对新兴被字句这类现象更具解释力。

目前学者们主要从句法、语义、语用和社会语言学的角度研究新兴被字句:在句法方面,他们发现新兴被字句与传统被字句的句法表现有极大的不同[1];语义上,他们还考察了此类句型所表示的意义,发现此类结构可表达"宣称义"和"迫使义"[2];语用方面,他们则提出新兴被字句具有反语的效果,并且此类句式的使用可以最大限度地实现语言的经济

1　曹大为:《被字新用法解读》,载《现代语文》,2009（11）:145-146;靳开宇:《"被+XX"式词语结构模式分析》,载《长春大学学报》,2010（7）:48-50。

2　程豪杰、宋杉珊:《小议新兴"被X"格式》,载《语文建设》,2009（11）:64-65。

性原则（the principle of economy）[1]；还有学者从社会语言学的角度考察此类语言现象所反映的社会现实，认为新兴的被字句折射了不正常的社会关系[2]。

截至目前，从认知语言学角度挖掘此类结构的认知机制的研究还较为罕见，主要有付开平、彭吉军[3]和陈文博[4]。其中付开平、彭吉军主要从概念隐喻（Conceptual metaphor）的角度来研究新兴被字句（为分析方便，下文简称为N被X），认为N被X结构是对社会冲突的一种语言反映。比如：

（31）丈夫找人冒充妻子离婚，好半年才知道"被离婚"。

这个例子中的"被离婚"就有语言冲突，离婚是夫妻双方在共同协商的基础上自发执行的行为，而"被"则表示被迫执行某个行为，这两个词的语义是相互冲突的，正常情况

1　刘云：《新兴的被X词族探微》，载《华中师范大学学报》，2009（5）：102-106；王开文：《表示反讽的非及物动词被字结构》，载《语言教学与研究》，2010（2）：77-83；曹大为：《被字新用法解读》，载《现代语文》，2009（11）：145-146。

2　王灿龙：《"被"字的另类用法》，载《语文建设》，2009（4）：65-66；周卫华、蔡忠玲：《热议"被＋XX"结构》，载《现代语文》，2009（10）：138-139；刘斐、赵军：《被时代的被组合》，载《修辞学习》，2009（5）：74-81。

3　付开平、彭吉军：《"被XX"考察》，载《郧阳师范高等专科学校学报》，2009（10）：53-56。

4　陈文博：《汉语新型"被＋X"结构的语义认知解读》，载《当代修辞学》，2010（4）：80-87。

下无法搭配在一起。但付开平和彭吉军则认为这种语言上的冲突正好折射了现实生活中的冲突，具体在例（31）中则是丈夫和妻子之间的冲突。其中，现实中的冲突是源域（source domain），语言上的冲突是目标域（target domain），由此"被离婚"得以产生是因为隐喻思维把源域映射到了目标域上。这种说法有一定的道理，但它显得太空洞，没有具体分析新兴被字句所涉及的认知机制。按照这个逻辑，任何一个语言现象我们都可以说它是一种隐喻现象，因为根据认知语言学的"现实——认知——语言"的原则，语言就是对人所认识到的现实世界的一种折射。这样所有的语言现象基本上都可以被认为是隐喻映射的结果，这种解释未免过于"大而全"，给人的感觉是没有解决任何问题。

陈文博则是从概念融合（Conceptual blending）的角度来研究新兴被字句的。概念融合是由福克尼尔和特纳（Fauconnier and Turner）[1]提出的，该理论认为语言单位在整合（integrate）之后所产生的意义并非其组成部分之和，因为在整合的过程中，还会有额外的意义产生，这类意义无法归属于任何组成部分。比如girlfriend这个合成词是由两个英语单词（分别是girl和friend）组合而成，但该合成词的意义却并非上述两个单词的总和，它还有一些独特的涌现义（emergent meaning），我们知道，一个人可以有很多女性朋友，但女朋友一般情况下则只有一个，即表示与自己具有亲密关系的女性朋友，这个意义无法从上述两个单词中的任何

1　Gilles Fauconnier & Mark Turner: *The Way We Think: Conceptual Blending and the Minds Hidden Complexities*, New York: Basic Books, 2003.

一个单词产生，福克尼尔和特纳则认为这是两个单词在融合（blending）过程中所产生的新义。在此框架下，陈文博认为新兴被字句也是由融合空间作用形成的。比如在结构"被春运"中，"被"和"春运"分别代表两个不同的空间，即两个输入空间（input space），这两个空间通过融合又会形成第三个空间，即融合空间（blending space），在这个融合空间中"被"字的遭受义得到激活。通过"春运"则可以使人想起拥挤的人群，这两个意义通过整合之后就产生了新义"遭受春运的拥挤"。据此陈文博提出新兴被字句可表达三种意义：（1）受事遭受某种事件的影响；（2）受事被迫执行某行为；（3）受事被施事宣称具备某种状态。同时她认为这三种意义都是通过概念融合这一认知机制产生的。不得不说，这一研究提升了我们对新兴被字句的认识，但它也具有如下缺陷：首先，上述分析显示其着眼点主要在帮助听话人如何解读新兴被字句的意义上，它主要分析如何从表面的语言输入来触及说话人想表达的真正意义，并没有在真正意义上回答新兴被字句产生的根本原因，因此对此类结构的认知根源仍有探讨的必要。其次，它确认了新兴被字句可以表达三类意义，但它并未提及这类句型在何种情况下激活何种意义，缺乏这一条件，研究的结论就显得随意，其可信度（validity）就要大打折扣。最后，上文提及该研究认为新兴被字句可以表达三种意义，但仔细分析可发现第一种意义是暗含在第二类和第三类意义中的。因此我们认为此类结构主要表达两种意义：第一是受事被施事宣称呈现某种状态（或执行了某个行为），第二是受事被施事强迫执行某种行为。可以看到这两个意义中都含有"受事遭受了某个不如意的事件",这个意义是上述两类意义的上位范畴,换句话说,上述两类意义是这一意义的具体表现。

综上可见,对新兴被字句的认知研究不仅罕见,而且已有研究也未从真正意义上对该类句型的产生做出令人信服的解释,所以我们仍有必要继续探讨此类结构的认知动因。基于此,本部分将在构式语法的框架下,利用概念转喻来解释新兴被字句的认知机制。

构式语法(Construction Grammar)是近年来才兴起的一种语法研究范式。它是针对生成语法的"词汇和规则(words and rules)"观提出的,该观点认为词汇存在于人们头脑中的词库(lexicon)中,它受各种规则的限制从而生成句子[1]。这些规则中的语音规则(phonological rules)负责把各词汇的发音组合起来;句法规则(syntactic rules)则负责把单词连接成符合语法规范的句法结构;语义规则(semantic rules)则是通过组合原则(the principle of compositionality)为句法提供一个语义解释(semantic interpretation)。其中组合原则认为句子的意义等同于句子中各词汇意义以及这些词汇组合方式的总和。除了上述的各类规则,后来为了顺应研究趋势,他们又提出在说话者的大脑中还存在语用规则(pragmatic rules),这一规则把语义规则中产生的语义解释映射到语境(context)中,帮助说话人做出相关的推测。但无论如何我们都可以看到"词汇规则"观认为上述各规则是相互独立的,它们之间仅通过一些连接规则(linking rules)来沟通。

---

[1] Vyvyan Evans & Melanie Green: *Cognitive Linguistics: An Introduction*, Edinburgh: Edinburgh University Press, 2006.

并且在"词汇规则"观的框架下,学者们只研究那些可以通过词汇和规则产生的语言现象,一些无法由此类原则产生的现象(比如习语)则不在他们的研究范围之内,他们认为这些现象都是语言中的例外(exceptions of language),不值得研究。另外,他们只关注词汇和句法规则,构式在该研究范式中也没有任何地位,因为在语法层面不需要设立构式这一单位,一些常规的构式可以通过词汇规则产生,而非常规构式则不值得研究,这种做法就把很多语言现象排除在研究范围之外了。

构式语法反对这种把语言现象分为"三六九等"的做法,认为每一类语言现象都具有独立平等的地位,都值得人们关注。构式语法提出,任何单位的语言表达式都可以作为一个整体被存储在说话人心中[1]。并且复杂的构式本身就具有意义,其语义并非只是组成部分之和,换句话说,构式具有独立于其组成部分的意义。针对生成语法的上述观点,构式语法提出如下几个观点[2]:首先构式是单层的(monostratal),也即非模块性,它们以此来反对生成语法把语言切分为若干个板块的做法。非模块性提出语言只需要一个表征方式,即构式(或者说象征单位),它可以把句法、语义、语用以及语音等信息统合在一起,因为构式是形式(包括语音形式和句法形式)、语义和语用的配对体。其次,构式语法认为语言单位之间不存在派生关系(non-

---

1 Vyvyan Evans & Melanie Green: *Cognitive Linguistics: An Introduction*, Edinburgh: Edinburgh University Press, 2006.

2 Vyvyan Evans & Melanie Green: *Cognitive Linguistics: An Introduction*, Edinburgh: Edinburgh University Press, 2006.

derivational），这就意味着每个语言单位都是独立存在的，都有区别于其他语言单位的意义，因此每一种都值得单独研究。再者，构式语法持全盘观（full coverage），也即它并不像生成语法那样认为一些语言现象是值得研究的，另一些语言现象是不值得研究的，它提出所有的语法现象都应该受到同等的重视；最后概括性（generalization）提出构式是一个高度统一的系统，它们并不是杂乱无章地存储在我们的头脑中，它们之间存在相互承继的关系（inheritance relation），这种承继关系则包括诸如隐喻承继、整体部分承继等。

由于研究的着重点和出发点不同，构式语法内部也有很多分支。但构式语法研究者基本就以下两点达成了共识：首先，他们都认为构式作为形式和意义（包括语用）的配对体整体地存储于人们的大脑中；其次，他们都认为语言知识是作为一个高度结构化的清单储存在头脑中。本书主要采用当前在学界影响最大的戈德伯格（Goldberg）[1]的构式语法作为理论框架。戈德伯格对构式的定义几经嬗变，其最初的定义如下（1995，2003）[2]：

C是一个构式当且仅当它是形式、意义的配对

1　A. E. Goldberg: *Constructions: A Construction Grammar Approach to Argument Structure*, Chicago & London: The University of Chicago Press, 1995; A. E. Goldberg: *Constructions at Work*, Oxford: Oxford University Press, 2006.

2　A. E. Goldberg: *Constructions: A Construction Grammar Approach to Argument Structure*, Chicago & London: The University of Chicago Press, 1995; A. E. Goldberg: "Constructions: A New Theoretical Approach to Language", in *Journal of Foreign Language*, 2003(3): 1-10.

体,且其形式或意义的某些方面无法严格从其组成部分或已有构式中预测得出。(C is a construction if and only if C is a form-meaning pairing<Fi, Si> such that some aspects of Fi or some aspects of Si is not strictly predictable from C's component parts or from other previously established constructions.)

该定义以构式在形式和语义方面的不可预测性作为标准,是为了抗衡生成语法不研究"语言的例外现象"的做法。但这一做法有矫枉过正之嫌,因为戈德伯格排除了那些可以由已有的语言形式或意义推测得出的语言表达。正如兰盖克[1]所指出,这种做法排除了那些在说话者心中已固化(entrenched),并在语言社区中约定俗成地建立起来且完全规约化(conventionalized)的语言用例。这与认知语言学所秉持的以使用为基础的语言观(usage-based)相矛盾,因此后来戈德伯格[2]又对构式的定义做了如下调整:

任何语言格式(linguistic pattern)只要其形式或功能无法严格从其组成部分或已有构式中预测得出,就可被视为构式。此外,一些即使能被完全预测出的语言格式,只要它们有足够的使用频率也可

---

1 R. W. Langacker: "Construction Grammars: Cognitive, Radical and Less So", paper presented at the International Cognitive Linguistic Conference, Logrono, 2003.
2 A. E. Goldberg: *Constructions at Work*, Oxford: Oxford Univeristy Press, 2006.

能作为构式储存在语言使用者的大脑中。

由此，构式语法的研究范围不仅包括那些被生成语法所摒弃的语言例外现象（idiosyncrasies），也包括生成语法学者最关注的常规语言现象，从真正意义上实现了其全面覆盖的全盘观（full coverage）。基于上述定义，构式的范围被扩展至几乎涵盖了所有层面的语言单位，包括词素、词、词组、短语、分句、句子乃至语篇[1]。这也与认知语言学的语言呈连续体的观点耦合。构式语法认为，语言的各层面并无本质的区别，它们都是构式，都是形式和意义的配对体，都具有独立的意义，因此整个语法框架只需要设定一个研究单位即可，那就是构式。这种观点与兰盖克的认知语法观点相呼应，因为构式在兰盖克的定义下也可以被视为一种象征单位。据此学者们提出要把构式观一贯到底，有的学者甚至提出构式本位观[2]，认为我们应该以构式作为语言的基本研究单位。

目前学者们对构式的研究主要在句法层面，认为每个句子都是一个独立的构式，构式自带论元角色（argument roles），而动词所预设的则只是参与者角色（participant roles）。动词在进入构式时与构式的论元结构会产生一

1　王寅：《构式语法研究》，上海：上海外语教育出版社，2011年。
2　刘玉梅：《基于多重传压的现代汉语新词语构式研究》，四川大学博士学位论文，2010年。

个融合（fusion）的过程。根据戈德伯格[1]，两者在融合时遵循两个原则，第一是语义一致原则（semantic coherence principle），第二是对应原则（correspondence principle）。其中语义一致原则指只有那些具备语义兼容性的角色才可以相互融合。戈德伯格把兼容性定义为两个角色之间具有例示的范畴化关系（instantiation）。比如"小偷"这一语义角色就是论元"施事"的一个例示，因为它具有施事所要求的一切特征，包括自主性、感知性、使动性、位移性和自立性[2]。对应原则指动词的参与者角色与构式的论元角色要具有对应性。多数情况下，动词的参与者角色与构式的论元角色融合时完全遵循上述两个原则。但也不排除有时两类角色之间具有矛盾，构式语法认为当构式的组成部分（即词汇）的意义与构式相冲突时，构式作为一个整体对词汇意义具有压制作用，从而消解两者之间的矛盾，使词汇突显与构式相适应的意义，这种现象被称为构式压制（Construction coercion）[3]。如：

---

1 A. E. Goldberg: *Constructions: A Construction Grammar Approach to Argument Structure*, Chicago & London: The University of Chicago Press, 1995.

2 陈平：《试论汉语中三种句子成分与语义成分的配位原则》，载《中国语文》，1994（3）：161-168。

3 Laura Michaelis: "Headless Constructions and Coercion by Construction", in Elaine J. Francis & Laura A. Michaelis (eds.), *Mismatch: Form-Function Incongruity and the Architecture of Grammar*, Stanford: CSLI Publications, 2003; Laura Michaelis: "Type Shifting in Construction Grammar: An Integrated Approach to Aspectual Coercion", in *Cognitive Linguistics*, 2004, 15(1): 1-67.

（32）Sally knitted me a sweater.

我们知道，英语动词"knit（织）"是一个二价动词，也即它只预设了施事和受事两类参与者角色的存在，但在上述例子中却有三个论元，多了一个"me（我）"。传统语法对此束手无策，只好把这个多出来的论元归到动词的语义中，提出动词"knit"在某些情况下也可以带三个论元。但这种处理方法让词汇承担了过多的负担，常人在记单词时不太可能记住这么多用法，它显然不具有心理现实性。构式语法则提出上述多出来的论元并非动词自带的，而是双宾构式（Ditransitive construction），在融合过程中双宾构式对动词knit具有压制作用，使其临时突显传递义。

但值得注意的是，并非所有动词都可以承受构式的压制从而生成合法的句子。也就是说构式压制不是随意的，否则我们无法解释为什么构式不能万能到压制一切成分的事实。比如在上述例子中，knit就不可以换成mind从而生成合法的句子。如果我们把不能解决的问题都归结于构式压制，"压制"就会变成一种"贴标签"式的研究。总之构式压制并非万能，而是有条件的，即构式无法压制所有"异质"成分，找出构式压制的限制是当前构式研究的关键点，这也是很多学者努力的方向。如王寅（2011：375）就提出"选显压制（Selection-Salience Coercion）"，认为构式压制其下位语式的过程就是选择下位语式相关信息并对其加以突显的过程。换句话说，一个单位要有被构式压制的可能性才能进入该构式，否则就不能受到构式压制。比如在上述例子中，knit之所以可以受到双宾构式的压制，是因为该动词所表示的行为是双宾构式所表示的"传递义"的先决条件，人们只有首先生产出某物然后才能把该物体传递给他人。

根据上述定义，我们认为新兴被字句也可以被视为一个构式，主要原因如下：首先该结构是一个形式和语义的配对体。从形式上看，它可以简化为"N被X"，并且这一形式与传统被字句有很大的差异；从语义上看，它可以表达两类意义，第一是受事被施事宣称呈现出某种状态或者执行了某个行为，第二是受事被施事强迫执行某个行为。其次，该结构无论从形式上说还是从语义上说都具有不可预测性。从形式上看，前文也提及该结构中的谓词可以由名词、形容词、不及物动词、及物动词甚至动宾结构充当，这些都是传统的被字句不具有的句法特征；从语义上看，它所表示的上述两类含义都无法从其任何组成部分中推测得出，因此根据戈德伯格对构式的最新定义，新兴被字句"N被X"是汉语中产生的一个新构式，需要单独研究。

新兴被字句中的成分X（即谓语）与整个构式存在冲突，前文曾提及X可由名词、形容词、不及物动词、及物动词甚至动宾结构充任，如此一来它与被字句所要求的谓词的[动作性]、[结果性]和[多价性]的特征就产生了矛盾。我们认为这个矛盾由构式压制得到消解。但问题在于我们必须明确构式为什么可以压制这些异质成分，压制后的X成分又是如何突显与构式相协调的意义的。正如上文所说，这两个问题若得不到说明，那么此处的构式压制也只是一种贴标签式的说法，没有从真正意义上解决问题。

李勇忠[1]通过研究提出，构式能否压制词汇取决于两者之间是否具有转喻关系。比如祈使构式的功能主要是说话人命令听话人执行某个行为，因此其原型用法（prototypical usage）中必须具有一个表示具体行为的动词。如：

（33）请坐下！

这个例子中，说话人要求听话人执行行为"坐"，所以很自然地句子中包含着动词"坐"。此时，构式的意义与动词的意义具有一致性。但并非所有情况都这么理想。如：

（34）安静点，孩子们！

这个例子也是一个祈使构式，但奇怪的是该构式中并没有表示动作的动词，其中"安静"只是一个形容词，表示一种状态。此时"安静"与祈使构式所要求的语义是冲突的，但"安静"可以被祈使构式所压制，因为"安静"所表示的状态是动作执行之后的结果，施事需要执行某个行为（比如闭嘴，或者停止一切产生声音的行为等）来实现"安静"的状态，于是在构式所表示的行为义与"安静"所表示的状态义之间具有了因果关系，正是这一关系使得"安静"这一结果可以在人们的头脑中激活"原因"。庞特和索恩伯格

1　李勇忠：《语法转喻的认知阐释》，复旦大学博士学位论文，2004年。

（Panther & Thornberg）[1]把这种现象称之为"结果代替行为的转喻（RESULT FOR ACTION Metonymy）"。那些与构式不具备此类转喻关系的形容词则无法受到构式的压制。如：

（35）*高（身高）一点！

通常情况下人们无法决定自己的身高，因此，形容词"高"无法受到祈使构式的压制，因为它无法激活人们心中关于行为的联想。综上可见，转喻在构式压制的过程中发挥着重要的作用，这样构式压制的作用范围就得到了限制，换句话说，构式压制也具有了理据性。下文的研究将表明，转喻在新兴的被字句对X成分的压制中同样起着至关重要的作用。

让我们先简短回顾转喻的相关研究，然后根据新兴被字句的实际情况指出其不足，并对之做出相应的修补。在第二章我们曾提及，与传统的修辞学研究不同的是，在认知语言学中转喻和隐喻同样被看成是人类根本的思维模式，所以又被称为概念转喻。学者们研究发现，转喻在语法以及言语过

---

1 Klaus-Uwe Panther & Linda L. Thornburg: "The Potentiality for Actuality Metonymy in English and in Hungarian", in K. Panther & Radden (eds.), *Metonymy in Language and Thought*, Amsterdam/Philadelphia: Benjamins, 1999.

程中起着重要作用[1]。但截至目前，对转喻在句法层面的作用的研究较少，主要是瑞·德·孟杜沙（Ruiz de Mendoza）及其合作者，他们根据类属性原则（generic principles）把转喻分为两类：低阶转喻（low-level metonymy）和高阶转喻（high-level metonymy）[2]。

低阶转喻指那些在非类属性理想化认知模式（non-generic idealized cognitive models）中发生的转喻行为。非类属性理想化认知模式指大脑对人们的日常生活和经验的表征。低阶转喻又可以被细分为命题转喻（low-level propositional metonymy）和情景转喻（situational metonymy）。低阶命题转喻也就是文献中讨论得较多的通过一个概念来代替另一个概念的转喻模式。比如在本书第二章中反复讨论的"地点代替组织"的转喻就是一种命题转喻。而情景转喻指通过一个情景来代替另一个情景的转喻。比如：

(36) The dog left with its tail between its legs.

1　Klaus-Uwe Panther & Linda L. Thornburg: "A Cognitive Approach to Inferencing in Conversation", in *Journal of Pragmatics*, 1998, 30: 755-769; Z. Kövecses & G. Radden: "Towards a Theory of Metonymy", in K. Panther & G. Radden (eds.), *Metonymy in Language and Thought*, Amsterdam/ Philadelphia: Benjamins, 1999; Ruiz de Mendoza Ibáñez & L. Pérez Hernández: "Metonymy and the Grammar: Motivation, Constraints and Interaction", in *Language & Communication*, 2001(4): 321-357.

2　Ruiz de Mendoza Ibáñez & L. Pérez Hernández: "Metonymy and the Grammar: Motivation, Constraints and Interaction", in *Language & Communication*, 2001(4): 321-357.

这句话产生的背景是一只狗因为做错了某件事（比如偷吃了主人的食物）而受到了主人的惩罚（比如被踢了一脚），然后狗就夹着尾巴离开的场景。试想一下，说话人正在给听话人讲述狗偷吃了主人的食物，听话人想问狗最后是否因此受到惩罚，说话人于是就说了上面的句子来回应，他就是通过描述最后一个场景来代替狗受到惩罚的场景，于是就产生了情景转喻。

　　高阶转喻是那些在类属性理想化认知模式（generic ICMs）中发生的转喻现象。类属性理想化模式是通过一系列非类属性理想化模式抽象而来的，其固化度和规约化程度都比非类属性理想化认知模式高。高阶转喻也可以被细分为两类：高阶命题转喻（high level propositional metonymy）和高阶情景转喻（high level situational metonymy）。其中情景转喻就是庞特和索恩伯格[1]所提出来的言语行为转喻（Speech act metonymy）。言语行为转喻是在格莱斯（Grice）[2]合作原则的基础上提出的，据此原则交际双方才能做出准确的推理，从而做出正确的反应，但格莱斯所罗列的推理步骤极为复杂，而交际任务通常都是刹那之间完成的，这就形成了一种错位现象（mismatch）。为解释这一现象，庞特和索恩伯格

1　Klaus-Uwe Panther & Linda L. Thornburg: "A Cognitive Approach to Inferencing in Conversation", in *Journal of Pragmatics*, 1998, 30: 755-769; Klaus-Uwe Panther & Linda L. Thornburg: "The Potentiality for Actuality Metonymy in English and in Hungarian", in K. Panther & G. Radden (eds.), *Metonymy in Language and Thought*, Amsterdam/ Philadelphia: Benjamins, 1999.

2　H. P. Grice: "Logic and Conversation", in P. Cole & J. L. Morgan (eds.), *Syntax and Semantics 3: Speech Acts*, New York: Academic Press, 1975: 41-58.

提出人们之所以可以如此迅速地做出反应是因为言语行为转喻在起作用。如：

（37）Close the door!
　　　Can you close the door?

在英语中，当我们想要另一个人做一件事时，我们很少直接用如上述第一个例子那样的表示命令的祈使句，相反我们会采用诸如第二个例子中的祈使句。因为第二句听起来更礼貌，而第一句则像是在发布命令。为什么会有这种效果呢？上述第二句话是用一种言语行为（疑问）代替另一种言语行为（请求）的转喻，这种言语行为之间的代替之所以可能是因为转喻的存在。这句话的字面义是询问听话人是否具有关门的能力，能力是执行该行为的先决条件，所以此处是庞特和索恩伯格所说的"潜力代替现实的转喻（POTENTIALITY FOR ACTUALITY metonymy）"，这是上述言语行为转喻形成的根本原因。由于这类表达没有直接命令听话人执行某个行为，因而显得更加礼貌。除了"潜力代替现实转喻"，庞特和索恩伯格[1]还发现了"结果代替原因的转喻（EFFECT FOR CAUSE metonymy）"，它们都是高阶情景转喻。

高阶命题转喻又被称为语法转喻（grammatical

---

[1] Klaus-Uwe Panther& Linda L. Thornburg: "The Effect for Cause Metonymy in English Grammar", in Antonio Barcelona (ed.), *Metaphor and Metonymy at the Crossroads*, Berlin/New York: Mouton de Gruyter, 2000.

metonymy），这表明该类转喻主要在句法层面发挥作用。如：

（38）He hammered the nail into the wall.

这句话的意思是"他用锤子把钉子砸进墙里"，而句中却用工具"hammer（锤子）"来代替（或者说激活）行为"hit（砸）"，从而改变了"hammer"的词类属性，从名词变成了动词，这种转变之所以可能是因为"工具替代行为（INSTRUMENT FOR ACTION）"这一高阶命题转喻的存在。该类转喻除了在词类的转换方面起作用，还对如下语言现象有影响：静态谓词（stative predicates），动词价的扩展和减少（valency extension and reduction），论元扩容（enriched composition），以及情态转换（modality change）等。

本书所关注的正是高阶命题转喻这类对语法结构具有重要影响的转喻，但从上述回顾可见，高阶命题转喻的研究范围仍局限于一个单词与另一个单词之间的转喻关系，比如上面的hammer代替hit，这实质上是某个概念域内部分与部分之间的转喻关系。我们认为高阶命题转喻完全可以扩展至涵盖部分与整体之间的转喻关系。但已有研究还没有注意到一个单词对整个事件的替代现象的存在，前文的新兴被字句正是这种转喻的体现，所以我们认为要扩展高阶转喻的概念，把部分对整体的替代模式也纳入该类转喻的研究范围，从而增强其解释力。据此我们提出如果要分析新兴被字句中的转喻关系，则要引入事件这一概念，必须在事件的框架下才能确定各概念之间的转喻关系。

学者们[1]普遍认为传统的被字句主要由三部分组成：施事、受事以及行为。在该结构中，受事直接受施事所发出的行为的影响。如：

（39）小王被小张踢了一脚。

在这个例子中，小张是施事，小王是受事，他受小张的行为"踢"的影响。但与传统被字句不同的是，新兴被字句中的受事不是直接受某个行为的影响，而是受由施事主导的某个事件的影响。如：

（40）去年圣诞节在哥本哈根气候大会上，美国人指责中国傲慢；两个多月之后，中国总理温家宝利用"两会"结束时的新闻发布会平台，向全世界申辩，中国是"被傲慢"了。

（41）照常理论，"被从良"的陈冠希应该感到幸福才对，毕竟在众人对他施以"痛打落水狗"极刑的间隙，还有人把他住泥潭的边沿前推一推。

（42）七星男不慎当了爸爸：这年头流行"被当爸"。

从上面的例子可以看到：

---

1 石毓智：《语法的概念基础》，上海：上海外语教育出版社，2006年。

中国被傲慢=中国（受事）被美国（施事）宣称很傲慢。
陈冠希从良=陈冠希（受事）被（施事）宣称从良。
七星男被当爸=七星男（受事）被（施事）迫使当爸。

补全了整个结构后，我们可以总结出在新兴被字句中，受事受施事所执行的两类事件的影响。第一类事件为"施事宣称受事处于某种状态或执行了某个行为"，第二类事件为施事迫使受事执行某行为。据此，我们把新兴被字句细分为"宣称型"和"被迫型"。另外我们还可以看出，宣称型中谓词所表示的受事的状态一般与事实不符，如上述例子中的"被傲慢"，傲慢这一状态并非受事的真实状态；被迫型中则一般与事实相符，如被"当爸"则表示受事实际上已经当了父亲。

根据被动的方式（宣称/迫使）以及实现情况（实现/未实现）两个标准，我们可以对新兴被字句的语义进行分类：

①宣称未发生型：被中产、被病死、被艾滋。
②迫使发生型：被留学、被捐款、被慈善。
③既有宣称又有迫使的成分：被失踪、被高尚、被赞成。
④可分别表示宣称和迫使：被辞职、被腐败、被结婚。

但值得注意的是，"宣称型"和"迫使型"之间并没有明确的界限，这主要体现在以下两个方面。首先，有的"N被X"在句子中既有"宣称"的意义，也有"迫使"的意义。比如：

（43）说到"被自杀"要追溯到阜阳"白宫"举报人的事件，举报人离奇死亡却被认定为"自杀",然后不了了之。

这个例子中的"被自杀"描述的是举报人被施事杀害后,又被施事宣称他是自杀身亡,因此此处的"被自杀"既有"宣称"的成分,也有"迫使"的成分。其次,有的新兴被字句既可以表示"宣称"义,也可以表示"迫使"义,具体表示何种意义则取决于语境。如:

(44)前些日子,郭晶晶又传婚讯,有人做了粗略统计,她与豪门公子的恋情被曝光以来,五年多时间里,郭晶晶已经11次"被结婚"。是谁在盼着郭晶晶嫁入豪门?

(45)同样在年底"被结婚"的还有28岁的小游。本来,她是打算在今年下半年再办婚礼的,但拗不过双方父母,于是匆忙选了日子,1月18日在厦门办婚礼,紧接着又要马不停蹄地赶到双方老家各办一场。

"被结婚"出现在两个例子中,但在不同的句子中它表达的意义不同。根据上下文我们可以判断例(44)中的"被结婚"主要表达"宣称义",郭晶晶并非真的结婚,只是有些媒体故意炒作;而例(45)中的"被结婚"则是表示在父母的强迫下不得不结婚,这一行为实实在在地发生了,所以它是"迫使型"。

通过上述分析可以发现,新兴被字句所表示的事件包括以下几个部分和关系:

①受事。

②施事。

③施事通过某种手段对受事做了什么（包括向外界宣称受事处于某种状态或强迫受事执行某个行为）。

④受事受施事的行为的影响（要么受事迫于压力执行某行为，要么外界相信施事所宣称的状态是受事的真实情况从而给受事带来某种负面影响）。

上述分析表明，在新兴被字句这个结构中，受事不像传统的被字句中那样直接受施事某个具体行为影响，而是间接地受影响于由施事所做的某件事。如在"中国被傲慢了"这个例子中，中国不是直接受后面的谓语"傲慢"一词的影响，而是受"美国等一些西方国家宣称中国非常傲慢"这一事件的影响；又如在"被捐款"中，受事不是受捐款这个动作的影响，而是受"施事向受事施加压力"这一事件的影响。因此可以总结得出，传统被字句和新兴被字句的一个重大区别在于传统被字句中的受事直接受施事所发出的某动作（句中的谓语）的影响，而在新兴被字句中，受事是受施事所为的某事的影响。根据以上分析我们可以画出以下示意图来表示新兴被字句的语义结构：

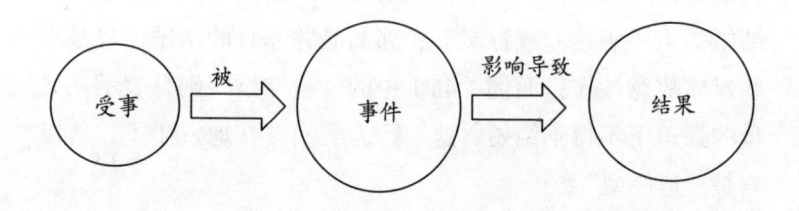

受事 —被→ 事件 —影响导致→ 结果

上图中的事件表示施事通过某种手段宣称/迫使受事处于

某种状态或执行某个行为。结果有两类：在宣称型中，结果表示外界认为受事处于施事所宣称的状态；在迫使型中，结果表示施事向受事施加压力以使其执行某个行为。与宣称型相比，迫使型中施事对受事表现出更大的压力，体现出受事的更大的被动性和无奈。因为这些事情都是在违背了受事意志的基础上实实在在地发生在受事身上，他没有太多选择余地，还得在压力之下去按照施事的意志去执行某事。而在宣称型中，受事至少有辩解的机会。比如现在有很多明星都有"被结婚"的经历，即一些报纸、杂志单方面称某明星已经结婚，而事实上他/她并没有结婚，虽然这种事情非常令人厌恶，但过不久我们可以看到明星就会出来辟谣，在这种情形下受事依然具有一定的主动权。而在迫使型中，受事就毫无选择的余地。比如在"被留学"中，也许孩子并不愿意出国留学，但家长望子成龙心切不顾孩子的意愿而强行安排其出国。在这种情况下，受事毫无选择，虽然不情愿，但还是得鼓掌，而且连申辩的机会都没有。如果说宣称型是对受事知情权的侵犯，那么被迫发生型则是对受事主观意志的极大的违背。因此迫使型的被动性比宣称型大得多。

既然我们认为受事受施事所引发的事件的影响，因此我们就有必要考察X在事件中是何角色，是否所有的角色都可以充当X，以及各类角色充当X的频率如何。语料调查显示，并非事件中的所有成分都可以成为结构中的X。根据X成分是否属于当前认知域我们可以把X分为两类，第一类是X属于当前域，第二类则是X不属于当前域。其中第一类可通过转喻获得解释，而第二类则必须在转喻的基础上引入隐喻才能获得解释。本节首先解释处理第一类，第二类在下一节中解释。

在第一类中，X在事件中扮演的角色主要有：结果、目的、工具和方式。换句话说，在新兴被字句中，上述语义角色可以作为参照点激活整个事件，也即X替代整个事件。前面提及并非任何语义角色都可以充当X，我们认为这主要是基于以下两个原因：首先，并非所有的语义角色都具有同样的突显度，在一个事件中，有些角色的突显度高于另一些角色，它们更加吸引人，突显度高的角色更容易被用来激活整个事件。当然角色的突显度并非固定不变，在一个事件中突显的语义角色在另一个事件中的突显度就不一定高，这就是为什么X的语义角色并不固定的缘由了。其次，并非所有的语义角色都可以激活整个事件，上述语义角色都在事件中占据较为突显的地位，它们可以很好地引导人们认识整个事件，也就是说它们具备激活事件的能力。下面我一一回顾这几类语义角色，并分析它们是如何激活整个事件的：首先是结果，该角色代表受事在事件的影响之后的结果。如：

（46）网友西贝先生发现朋友的带薪年假竟然一天都没有休过。朋友解释道："年中申请过几次都被老板驳回，我这是'被全勤'的，晓得不？"

（47）吴先生在超市附近献血车献了血。几天后，吴先生突然接到了电话，通知他感染了HIV病毒，冷静下来的吴先生还是心有不甘，觉得不能死得不明不白。抱着最后一丝希望，他先后去了徐州市疾控中心和江苏省疾控中心筛查。结果，这两个权威检测机关给出的结果都是"没有感染"！拿到阴性检验报告，吴先生喜极而泣。事实证明，自己是"被艾滋"了。健康是没事了，但这一场精神和肉体上的损失，还有辞职的损失，是不是该由误诊者负责？

这两个例子分别是迫使型和宣称型"N被X"，但其中的X成分"全勤"和"艾滋"在事件中都是结果。在"被鼓掌"中，"全勤"是受事在施事的压力下所执行的行为，因此它是结果。在"被艾滋"中，"艾滋"是施事宣称受事所具有的属性，虽然这与事实不符，但它对受事造成了负面的影响，因此我们也把它归为结果类中讨论。通过高阶事件转喻（具体是结果代替事件转喻），它们就可以激活其所在的事件，其中"全勤"激活的是"施事强迫受事全勤"这一事件，而"艾滋"激活的是"施事宣称受事具有艾滋"这一事件，这类转喻可以引导人们完整地解读整个结构。因此，这一构式的语义结构可以图示为：

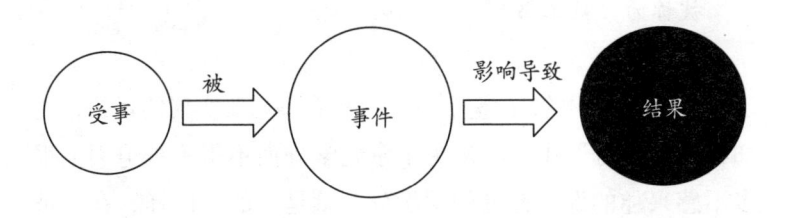

图中涂黑的部分是在事件中最具突显度的成分。如果是宣称型"N被X"，那么结果就是"被他人宣称呈某个状态"；如果是迫使型"N被X"，结果就是"受事被迫执行某行为"；除了上述例子，X在事件中充当"结果"的还有被猖狂、被下等人、被全勤等。下面我们需要回答的是为何结果可以作为参照点来引导人们认识整个事件。这主要是因为事件与结果之间具有因果关系，施事主导的事件导致了某个结果（即X），这种因果关系使得人们可以通过结果来认识原因，这是一种由果及因式的溯因认知模式（abduction）。这类转喻其实与庞特和索恩伯格[1]所说的"THE EFFECT FOR CAUSE"的转喻模式是一致的，只是他们讨论的是词汇层面的转喻，而此处我们讨论的则是事件层面的转喻。

X的第二个语义角色为目的，在该类结构中，目的充当着激活整个事件的作用。如：

（48）一些大学出现学生平时不好好上课，甚至逃课，但为能获得学分、顺利毕业又不得不疲于应付的现象，有人称此为"被学分"。

（49）大学生仅为增加就业机会而非兴趣爱好，盲目加入考证大军，这种为考证而考证的现象被称为"被证书"。

上述例子中的X在整个事件中是受事想要实现的目的，比如在"被学分"中，学生为了拿到学分而不得不被迫去上很多不感兴趣的课，此处的"学分"就是目的；同样，在"被证书"中，学生们为了增加就业概率，而去考取一些证书，因此证书在事件中也是目的。据此，该类事件转喻可表示为

1　Klause-Uwe Panther & Linda L. Thornburg: "The Effect for Cause Metonymy in English Grammar", in Antonio Barcelona (ed.), *Metaphor and Metonymy at the Crossroads*, Berlin/New York: Mouton de Gruyter, 2000.

下图：

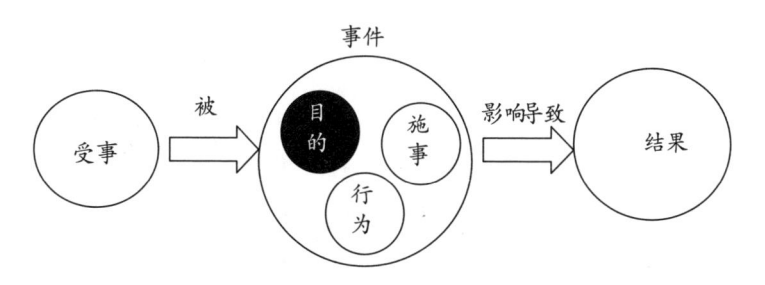

值得一提的是，此处的目的显示出一种层级性（hierarchy），比如在被学分中，"学分"是学生去上课的直接目的，拿到学分的目的则是为了毕业，毕业则可能是为了找到工作，如此目的链条还可以继续延伸下去，但我们此处讨论的则是最直接相关的目的。通过目的我们就可以激活整个事件，比如通过"学分"就可以激活"为了学分而被迫上课"，通过"证书"就可以激活"为了证书而被迫去考试"，由此就产生了"目的代替事件的转喻（PURPOSE FOR EVENT Metonymy）"。目的之所以可以代替事件是因为两者之间也存在因果关系，人们基本都是带有某种目的去做事，目的在此就成了驱动因素，它可以激活由其驱动的事件。由此就产生了目的代替事件的高阶转喻。

第三类是工具替代事件转喻（INSTRUMENT FOR EVENT Metonymy），在这类转喻中，施事用来执行行为的工具充当结构中的X成分，以激活整个事件。如：

（50）伍皓"被五毛"了，4月22日，当伍皓在人民大学演讲才讲了没几句话，就有人走上去在伍皓面前朝天撒了一把五毛钱纸币，并喊道：伍皓，五毛。

在这个例子所表示的事件中，受事是伍皓，施事是不名人士，他用"五毛钱"纸币（工具）来攻击受事。此处的工具被用来激活施事攻击受事的事件，如此就产生了工具替代事件类转喻，图示如下：

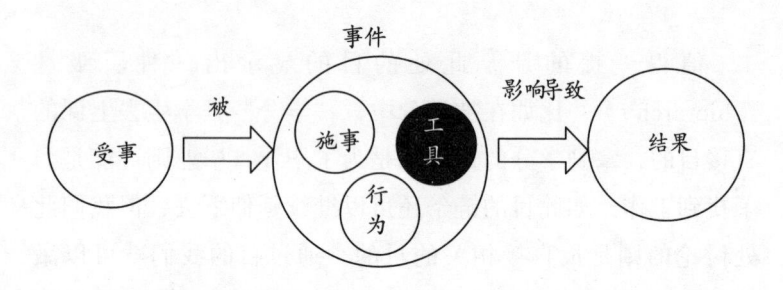

此类转喻的产生也是有理据的，在兰盖克的弹子球模型[1]中，施事是行为的发起者（initiator），他把能量传递给工具，工具再把能量传递给受事，最终实现能量的转换。在这个意义上工具可被视为施事的延伸，因此可见工具帮助施事实现了某个行为，它对行为也具有一定的决定作用，这也是为什么在传统的被字句中，也有用工具来代替施事的情况。如：

（51）他的手被绳子捆起来了。

1　R. W. Langacker: *Foundations of Cognitive Grammar, Descriptive Application*, Vol. Ⅱ, Stanford: Stanford University Press, 1991.

这句话中"绳子"是工具，它代替了施事（未在句中出现）的位置，这种结构就会让人注意到绳子在整个过程中的作用，它的语义会被施事化，也即人们赋予其施事的属性。这个例子也说明工具确实在事件中与施事的行为和施事所发起的事件具有某种因果关系，这种关系使得它在一定情况下可以被用来激活事件，由此就产生了工具替代事件的转喻。

但值得注意的是，此处用工具来替代事件还有另一个效果，那就是突显工具"五毛"，施事之所以选择"五毛钱"纸币作为攻击受事的工具，是因为他认为受事是"五毛党"（网络评论员，除了底薪，每帖按五毛钱来加薪，因此得名），"五毛"不仅是用来攻击受事的身体，更为重要的是，它是一种对受事精神上的嘲讽，所以此处工具在事件中特别突显，它也能更好地激活整个事件。

语料中出现的第四类事件转喻是"方式替代事件转喻（MANNER FOR EVENT Metonymy）"，顾名思义，该类转喻是通过方式来激活整个事件。如：

（52）昨天晚饭的时候，几个高二的小学妹拿着纸在收集签名，然后两个同学爽快地签上了，后来听说那是关于跑操的请愿，纸折了一下只给他们看到下半张，一个人想找小学妹把签名划掉，但为时已晚，我们又被民主了。

（53）双十一马上就要到来，可老板硬要我们加班，还美其名曰为我们省钱，我想我们是被省钱了。

这两个例子中的X成分是施事执行行为时所采用的方式，在"被民主"中，"民主"是学妹采取的使受事（其他同学）反抗做早操的方式，它代替的是"学妹用民主的方式来取消做早操一事"；同样，例（53）中老板通过"省钱"的方式来逼迫员工加班，此处的"省钱"替代的是"老板使用省钱的方式让员工加班"。综上分析，此类事件转喻可以表示为下图：

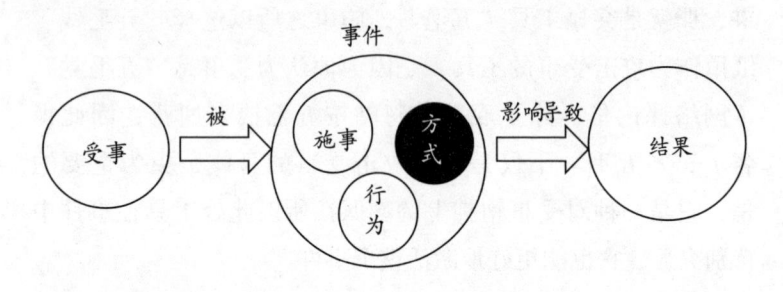

方式之所以具备替代整个事件的能力是因为方式与事件之间也存在着某种因果关系。比如在"被民主"中，虽然民主的初衷是为了反映多数人的意见，以达到相对的公平。但这种方式也经常被人利用，施事虽然采取了民主的形式，但却没有民主的内涵，学妹只是利用这一形式达到自己的目的。同样，多数人都会想要省钱，但趁商家打折期间，人们也可能会通过消费达到省钱的目的，本例中的老板却用省钱的幌子来强迫人加班。由此可见，行为方式与整个事件之间具有因果关系，这种因果关系使得方式具有激活整个事件的作用。

综上，本节讨论了新兴被字句中的四类高阶事件转喻，它们分别通过结果、目的、方式和工具来激活整个事件，从而使得该类结构合法。但有一类新兴被字句中的X却不是事件中的任何成分，它是另一类事件中的语义角色，此类结构的产生就不能仅用高阶事件转喻来解释了，我们认为它体现了隐喻思维模式，因此下文我们将通过隐喻来解释该类结构的生成过程。

第三节　新兴被字句中的隐喻思维

前面讨论的四类转喻中，X作为参照点激活整个事件，并且它也属于事件的一部分，也就是说，两者属于同一概念域，这是一种部分代替整体的转喻现象。但有些语料显示X与它所激活的事件之间不存在部分整体关系，也即两者不在同一概念域中，如：

（54）中国人"被阿凡达"是中国影视文化颠覆性的重生。

（55）他"被小贝"了。

（56）在路上或要上路都"被春运"着。

上述"N被X"结构中的X与其所激发的事件不在同一个概念域中。例（54）中的《阿凡达》是一部美国的科幻片，视觉效果非常具有冲击力，此处的"被阿凡达"主要指被诸如阿凡达之类的优秀电影刺激；例（55）中的小贝是电视剧《蜗居》中的一个角色，他由于没有足够的财富以及较高的社会地位，其女友被更具有实力的宋思明抢走，而此处的"被小贝"主要指受事遭遇了与《蜗居》中的小贝的类似的经历；另外，我们知道中国的"春运"是世界上最大规模的人口迁移，这就意味着拥挤，因此"被春运"则指受事遭受诸如春运一般的拥挤。可以看到，在上面的例子中都事先存在着一个典型的事件，此处我们暂且把这个事件称之为原始事件（source event），原始事件中的典型角色就可以用来激活这个事件；事件的典型性导致其突显度很高，它就开始有了一些类属特征（generic nature）。逐渐地，人们很容易通过隐喻思维用原始事件理解与其类似的事件。当人们提及原始事件时，其主要突显的特征就会被唤醒。比如说：

（57）我可不想你成为第二个小贝。

说话人这句话的意图是不想让听话人遭受和小贝类似的遭遇，此处也是通过"小贝"激活了整个原始事件，即小贝的不幸遭遇。这是转喻性的用法，通过事件的关键人物激活事件。除了转喻思维，上述例子的产生还需要隐喻思维，即跨域的映射（cross domain mapping）。当人们注意到原始事件与当前事件具有某种相似性之后，他们就很有可能把原始事件映射到当前事件，由于交际双方对原始事件的熟悉程度较高，因此这种映射可以更好地使听话人理解当前事件。换句话说，说话人选择通过另一个事件中的某个成分来描述当前事件，这是一种隐喻思维。综上可见，这类"N被X"结构的产生需要两类认知操作，首先是通过原始事件中的某个部分激活原始事件，其次则是原始事件被用于理解当前事件。

其中前一类是转喻，后一类属于隐喻认知模式。因此可见，本节讨论的"N被X"结构的产生是转喻和隐喻共同作用的结果。

关于隐喻和转喻之间的关系，不同学者持有不同的看法。有些学者（比如莱柯夫和约翰逊[1]）认为隐喻是人类最根本的思维模式，另一些学者（比如巴塞罗那[2]）则认为相较而言转喻更为重要；但更多的学者[3]认为隐喻和转喻之间并无清楚的界限，它们呈连续体分布，这些学者中最有影响力的当属古森（Goossens）[4]，他提出了隐转喻（metaphtonymy）这一术语来表明两者之间的密切关系。相较而言，我们更倾向于赞同最后一类观点，因为本节的"N被X"正好印证了这一观点。前文提及，隐喻和转喻最主要的差别在于隐喻是跨域映射，即本体和喻体属于不同的概念域，而转喻则是同

1　G. Lakoff & M. Johnson: *Metaphors We Live By*, Chicago: The University of Chicago Press, 1980.
2　Antonio Barcelona: "Introduction: The Cognitive Theory of Metaphor and Metonymy", in Antonio Barcelona (ed.), *Metaphor and Metonymy at the Crossroads*, Berlin/New York: Mouton de Gruyter, 2000.
3　G. Radden: "How Metonymic Are Metaphors?", in R. Dirven & R. P. Erings (eds.), *Metaphor and Metonymy in Comparison and Contrast*, Berlin, New York: Mouton de Gruyter, 2002; Ruiz de Mendozaand Ibáñez, FJ Ez & LP Hernández: "High-level Metonymy and Linguistic Structure", Sincronna (Autumn 2001) [2007]. http://www.ccla2006.com/ news.asp?newsid=372; J. R. Taylor: *Linguistic Categorization: Prototypes in Linguistic Theory*, 北京：外语教学与研究出版社，2001年。
4　Louis Goossens: "Metaphtonmy: The Interaction of Metaphor and Metonymy in Expression for Linguistic Action", in *Cognitive Linguistics*, 1990, 3: 323-340.

域映射，本体和喻体都属于同一概念域。但问题在于本体和喻体是否属于同一概念域是一个很难判断的问题，比如在"被小贝"这一例子中，小贝首先被用来激活发生在他身上的事件，这是转喻现象。但当这一原始事件被用于理解类似的事件时，我们似乎既可以看到隐喻的成分，也可以看到转喻的成分。首先，一类事件用于理解另一类事件，且两者具有某种相似性，这就是隐喻的思维特征；其次，小贝和主语"他"都属于人，我们很难说哪一个更具体，并且他们遭遇的事件属于同一类，只是小贝所遭遇的事件更具有认知突显度，这种认知突显度使之在同一类事件中更容易被用来作为参照点引导人们认知不那么突显的事件，这就是转喻成分。上述分析表明，此类新兴被字句是在隐喻和转喻思维的共同作用下形成的，这恰好说明隐喻和转喻之间的关系非常密切，是不可以截然分开的。

综上，本节讨论了五类高阶事件转喻，发现新兴被字句中的X成分之所以可以激活整个事件是因为它与整个事件之间具有或直接或间接的因果关系，这种关系赋予它激活事件的能力。有标记的新兴被字句在上述四类转喻的作用下逐渐为人们所接受。我们认为X成分与整个事件之间的这种转喻关系是X可以受到整个构式"N被X"压制的前提条件。由此在构式压制的作用下，通过高阶事件转喻就可以激活整个事件，从而使得整个结构式产生和被理解，X成分与整个结构之间的语义和句法矛盾也因此得到消解。

第四节　结语

　　本章从标记象似性、转喻和隐喻三个角度阐释了汉语新兴被字句的语法、语义特点，并解释了该结构的认知动因。调查发现，新兴被字句在句法方面呈现出偏离常规的用法，其谓词可以由名词、形容词、动词甚至动宾结构充任，并不像传统被字句那样具有［多价性］、［动作性］以及［结果性］的语义特征。因此与传统被字句相比，新兴被字句属于有标记的用法，这就预示着该类结构比常规结构传递更为丰富的含义。研究表明，新兴被字句所表示的"宣称义"与"迫使义"都是传统被字句未曾涵盖的。据此可见，新兴被字句是符合标记象似性的，即偏离的句法形式象似于非常规意义。我们通过转喻来解释该结构的认知机制，但已有的转喻类型无法涵盖新兴被字句中的转喻现象，因此我们把高阶命题转喻的运用范围从词汇层面扩展至事件层面，提出新兴被字句产生的根本原因在于该结构中的X成分（在事件中充当结果、目的、方式、工具）可以作为参照点激活整个事件，这使得X成分可以受到整个构式的压制，从而使得其语义与构式的语义协调。但除了转喻，新兴被字句中的另一类结构还需借助隐喻才能得到全面的解释。研究表明，转喻与隐喻之间也无明显的界限，它们呈连续体分布。

第四章

认知视角下的篇章分析

第三章主要从象似性、转喻（一种认知参照点）以及隐喻的角度分析了汉语流行语"N被X"的语义和句法特征，以及这些结构背后的认知机制。至此，这三类认知模式已经从第二章的词汇层面被推及句法层面。本章的任务则是继续把这三类认知模式的解释范围扩展至语篇层次，即我们要考察象似性、认知参照点以及隐喻对篇章组织的作用。在词汇—句法—语篇这一连续体中，语篇是最大的单位。但它也是一个象征单位，即形式和意义的配对体。只不过语篇是更为复杂的象征单位，它由大小不一的句子经过整合而成，句子与句子在整合的过程中也必须具有语义对应性，否则整个语篇就没有连贯性。如：

（1）甲：你能借我一百块钱吗？
　　　乙：可以。

这是一个对话语篇，其中甲是发问者，他向乙询问是否可以借钱给自己，因此这句话是依存单位，因为它预设着一个回答的存在。而"可以"刚好就是回答中的一种（另一种回答是"不可以"），它与"你能借我一百块钱吗"这句话所预设的空位之间具有语义对应性（即范畴化关系），因此它就可以填入该语义空位，从而与之形成一个连贯的语篇。

但语篇的连贯性也并非总是如此直接地体现。如下例：

（2）甲：你能关一下窗户吗？
　　　乙：我现在正在写作业。

这个对话同样也是一个问答，其中甲问乙是否可以关窗户，甲预设一个回答，包括肯定和否定两类。但值得注意的是乙并没有直接对此问句做出回应，而是描述了自己目前的状态"我正在写作业"，这与甲提出的问答句所预设的语义空位之间看似没有任何关系，但是通过说"我正在写作业"，乙实际上表明自己目前没有时间去关窗户，从而间接地拒绝了甲的要求。这实际上就是一种认知参照点现象，即通过激活自己的当前状态来表达自己无法执行某行为，从而与甲的问句所预设的语义空位形成语义对应性，两者整合成功，形成连贯语篇。上述分析表明了两个基本事实：首先，没有认知参照点这一认知机制，上述对话无法构成一个连贯的语篇，由此可见语篇连贯的研究离不开认知语言学。其次，我们也可以看到，语篇的形成机制与词汇和句法没有本质的区别，完全可以用相同的机制对之做出解释。

值得一提的是，本章选择的案例都是文学语篇，这主要是因为文学文本的认可度更高，创作者一般是语言运用的大师，具有娴熟的写作技巧，因此文本语言更能体现语言的典型特点。另外，在研究这些文本时，我们不仅考察了文本中所体现的认知特点，也考察了这些认知特点与文本所传递的思想情感的联系。本章的第一节主要概述语言学理论对篇章的研究历程，揭示已有研究之不足，然后引入下文的研究；

第二节则是考察隐喻在语篇连贯性方面的重要作用；第三节探讨象似性对语篇连贯性的影响；第四节论述认知参照点对语篇连贯的贡献；最后一节则是对本章研究的一个小结。

从表面上看，语言学和文学研究似乎是两个独立的学科。但实质上它们之间是相互影响的。索绪尔开创的结构主义研究范式（paradigm）使得20世纪的人文学科出现语言学转向，文学当然也不例外。语言学对文学最大的影响就是使文学研究开始聚焦于文学作品本身，人们开始重视文本语言和表达技巧。另一方面，作为语言使用的典范的文学作品也一直都在语言学的关注范围之内，比如系统功能语言学的关注焦点就是语篇。正如特纳（Turner）[1]所说，文学植根于语言，语言则植根于日常生活。可见对文学的研究应该从语言开始，而对语言的研究则应植根于人类对认知的研究[2]。因此，从语言学的角度来考察文学文本是可行的，并且跨学科视角的研究可能给文学批评研究注入更多活力。本章立足于认知语言学来考察20世纪美国经典小说，我们把这些经典小说视为语篇，并考察它们是如何实现连贯的。

其实从语言学的角度研究文本并非认知语言学开的先河。系统功能语言学的主要创始人韩礼德和哈桑（Halliday & Hasan）[3]就提出语篇功能是语言的纯理功能之一，它包括语

1　M. Turner: *Reading Minds: The Study of English in the Age of Cognitive Science*, Princeton, NJ: Princeton University Press, 1991.
2　蓝纯：《从认知诗学的角度解读唐诗宋词》，载《外国语文》，2011：39—43。
3　M. A. K. Halliday & R. Hasan: *Cohesion in English*, London: Longman, 1976.

篇的完整性、一致性和衔接性,据此他们开创了语篇分析,旨在解释人们如何构造和理解各种连贯的语篇[1]。自哈里斯(Zellig Harris)发表了《语篇分析》[2]的论文后,学者们的研究视野就逐渐从词汇、句法层面扩大至语篇层面,如韩礼德对句子主位的分析以及奥斯丁(Austin)和舍尔(Searle)对言语行为的关注。但语篇分析真正成为一门系统的学科是在20世纪70年代,学者们引入了语境、语域、照应、指示、回指、替代、衔接、连贯、宏观结构和微观结构等基本概念,宣告了该学科的正式建立。随着研究人员的大量流入、大量研究成果的产生,以及以语篇分析为主题的杂志的创办,到20世纪80年代,语篇分析的研究进入了鼎盛时期。学者们普遍认为衔接是建立语篇连贯的重要语法、词汇手段,主要由照应、替代、省略、连接以及词汇衔接等显性手段来体现[3]。由此可见,系统功能语言学关注的焦点在于语篇如何取得连贯。

不同的学者对语篇提出了不同的定义。有的学者(如麦卡西[4])分别用discourse和text来区分口语和书面语。为简洁起见,还有一些学者则倾向于用text或discourse来涵盖口语和

---

1 黄国文:《语篇分析概要》,长沙:湖南教育出版社,1988年。

2 Harris Zellig: "Discourse Analysis", in *Language*, 1952(28): 1-30. ZS Harris: "Discourse Analysis: A Sample Text", in *Springer Netherlands*, 1970, 28(4): 349-372.

3 卢卫中、路云:《语篇衔接与连贯的认知机制》,载《外语教学》,2006(1):13-18。

4 Michael McCarthy: *Discourse Analysis for Language Teachers*, Cambridge: Cambridge Univeristy Press, 1991.

书面语。另外一些学者（如凡迪克[1]）从抽象程度对语篇进行区分，其中text表示抽象语篇，discourse表示具体语篇。不同的定义反映了学者们对语篇的理解以及他们研究的出发点的不同。但认知语言学却提出，不同的语言单位之间没有截然的界限，词、句和篇章呈连续体，具体的语言单位和抽象的语言单位也同样呈连续体分布，它们都是象征单位，都是构式。因此本书并不对语篇是否口语或书面语、抽象或具体做区分，一致采用语篇一词来表示可表达完整意义的语言单位。这样语篇概念可大可小，可抽象可具体。当然本节研究的语篇类型主要为20世纪的美国经典小说，它们都是较大的具体的语篇。

随着语篇研究的不断推进，大家逐步发现原有研究范式的问题。很多情况下，一个语篇即使没有显性的衔接手段，它也可能是连贯的语篇，如维窦生（Widdowson）[2]曾举的例子：

（3）A: That's the telephone.
　　　B: I'm in the bath.
　　　C: OK.

这个对话中缺乏显性衔接手段（包括照应、替代、省略、连接以及词汇手段），但这并不影响它成为一个连贯的

1　Tuen Van Dijk: *Some Aspects of Text Grammar*, The Hague: Mouton, 1972.
2　H. G. Widdowson: *Teaching Language as Communication*, Oxford: Oxford University Press, 1978.

语篇。这就提示我们把语篇的连贯性简单地归结于显性手段无法解释所有的语言现象。这种困境的产生主要是因为语篇分析很少跨出语言的框架，语篇结构的分析尚未系统化、整体化，体裁分析仅将重点放在具体的体裁及分类上，批评话语分析轻视了语言层面的系统分析[1]，因此我们必须另辟思路。

在语篇的生成过程中，发话者为保证语篇信息流的畅通，需要根据自己对受话者的知识状态所做出的假设以及受话者可能做出的反映来合理地编排信息。在语篇的发展过程中，发话者对受话者知识状态的假设就会体现在语篇的组织方式上[2]。可见在建构语篇的过程中，说话者的认知结构难免会影响语篇的组织结构，因此我们认为从认知语言学的角度来分析语篇应该可以补充功能语言学的这一不足。此外，根据程琪龙[3]语篇的连贯实质就是概念的连通关系，这与认知语言学[4]的"语言符号仅是通向意义的桥梁（Language provides access to large inventory of structured knowledge）"的基本观点不谋而合。也就是说，表层的语言形式并不能表达所有的语义，它只是说话人所表达的意图的脚手架。人们还需凭借认知模式（包括隐喻、转喻、意象图式等）来推导语表背后

1　杜金榜：《试论语篇分析的理论与方法》，载《外语学刊》，2008（1）：92-98。

2　朱永生、苗兴伟：《语用预设的语篇功能》，载《外国语》，2001（3）：25-30。

3　程琪龙：《认知语言学概论：语言的神经认知基础》，北京：外语教学与研究出版社，2001年。

4　Vyvyan Evans & Melanie Green: *Cognitive Linguistics: An Introduction*, Edinburgh: Edinburgh University Press, 2006.

所隐藏的含义。据此，对语义连贯性的寻找自然也不能停留在语言表层，而应该深入人们的认知模式。虽然目前认知语言学的研究主要集中在词汇以及句法层面，但认知语言学提出语言单位之间没有截然分离的界限，即词、句以及语篇呈连续体，它们都可以用有限的几种认知模式进行解释。认知语言学倡导基于使用的观点（usage-based），也就是说所有的语言单位（包括词、构式以及语素）实质上都是从具体的用法事件中抽象而来，语言的习得也必须在交际的情景下才能完成，因此完全有必要对交际情景和用法事件进行研究，而这种研究实际就是一种语篇研究。事实上，有研究[1]已初步发现认知隐喻、转喻、象似性、脚本等认知模式也制约着语言运用的深层次连贯，或者说，是实现语言连贯性的重要的深层次的隐性衔接手段。据此，认知语言学提出语篇的连贯性应在认知视野下研究，也即语篇的连贯性离不开人们对现实的体验和认知[2]。认知语言学还提出，语篇连贯不一定要依靠衔接手段，而主要是靠心智上的连贯性（the coherence in mental text）取得，必须从认知角度来分析[3]。

现在，许多认知语言学家开始注意到语篇分析的重要性，逐渐将自己的研究范围扩展至语篇层面。1997年7月在

---

1 王寅：《语篇连贯的认知世界分析方法》，载《外语学刊》，2005（4）：16-23；卢卫中、路云：《语篇衔接与连贯的认知机制》，载《外语教学》，2006（1）：13-18。

2 王寅：《认知语言学》，上海：上海外语教育出版社，2007年。

3 王寅：《认知语言学与语篇分析》，载《外语教学与研究》，2003（2）：83-88；王寅：《认知参照点原则与语篇连贯》，载《中国外语》，2005（5）：17-22。

荷兰召开的第五届国际认知语言学大会就专题讨论了如何从认知视角分析语篇。该会议的研究成果由胡克（Hoek）等人编辑成册，书名是《认知视野下的语篇研究》（*Discourse Studies in Cognitive Linguistics*）。2001年，《认知语言学》杂志（*Cognitive Linguistics*）专辟一期探讨语篇分析。2003年7月在西班牙召开的世界第8届国际认知语言学大会的中心议题之一就是语篇分析[1]。这表明认知语言学与功能语言学的语篇分析有合流之势，即将成为语言学的新增长点。王寅的一系列研究[2]已经尝试分析了一些基本的认知模式对语篇连贯的作用，包括概念隐喻、理想化认知模型（Idealized Cognitive Model, ICM）、当前语篇空间模式（Current Discourse Space, CDS）、原型范畴理论、认知参照点（Cognitive Reference Point）、突显原则和象似性原则等，表明语篇连贯实质上是心智连贯的体现。受篇幅所限，本章则主要探讨概念隐喻、认知参照点以及象似性在20世纪美国的经典小说中所起的连贯作用。

1　王寅：《认知参照点原则与语篇连贯》，载《中国外语》，2005（5）：17-22。
2　王寅：《认知语言学与语篇分析》，载《外语教学与研究》，2003（2）：83-88；王寅：《认知语言学与语篇连贯研究：八论语言的体验性：语篇连贯的认知基础》，载《外语研究》，2006（6）：6-12。

第一节　语篇连贯的隐喻性

在语篇的组织过程中，说话人为了语篇的简洁性和表达的经济性，往往利用隐喻的经济性和隐含信息的特点，使隐喻成为语篇的一种重要而常见的组织手段。但是人们直到近期才意识到隐喻的语篇组织作用。在从亚里士多德到近代的瑞恰滋（Richards）的传统隐喻研究模式中，隐喻通常被认为只是一种偏离正常语言的修辞手段。莱柯夫和约翰逊[1]则开宗明义地提出，隐喻不只是修辞性的，也不是个别现象，它广泛存在于我们的生活中，并且是我们思维和行为的重要形式。但这种形式又不是凭空产生的，而是从人们身体体验的基础上而来，如对空间的体验使得人们用空间的概念来建构较为抽象的时间概念。隐喻思维产生之后就会对我们的语言产生影响，因此语言在很多情况下也展现出隐喻特征，可以说语言中的隐喻现象正是思维中的隐喻特征的体现。

莱柯夫和约翰逊对隐喻的开创性研究转变了人们对隐喻的认识，开辟了一条全新的研究思路。但他们的研究也有一定的局限性，虽然他们一再强调隐喻思维对语言形成的重要作用，但他们的关注点则只限于隐喻思维与生活体验之间的关联；其次他们在书中所举的例子往往是信手拈来的，缺乏对隐喻的系统分析；也就是说，他们通过零星的语料重点关注了现实和认知之间的关系，而疏忽了认知模式和语言

1　G. Lakoff & M. Johnson: *Metaphors We Live By*, Chicago: The University of Chicago Press, 1980.

之间的互动。魏在江[1]提出，隐喻是一种语篇组织的重要手段，它起着语篇构建、衔接和连贯的功能。隐喻的语篇组织功能是语篇信息发展的要求，也是交际双方作者和读者之间、说话人和听话人之间互动的认知过程的结果。可见隐喻在语篇中的重要性。其他学者们也注意到了这一不足，纷纷研究语言现象中的隐喻思维，但仍少有研究把隐喻思维推进至语篇层面，这与认知语言学的试图用有限的认知方式来对语言各个层面（包括语音、词汇、语法、句法、构造和语篇）做出统一解释的目标相去甚远，也与其"语言单位的连续性（即词、句、语篇之间没有截然的界限，三者呈连续体）"的基本立场相悖，因此隐喻在语篇中的体现还有很大的研究空间。本章将以20世纪美国著名作家田纳西·威廉斯（Tennessee Williams）的短篇小说《一个小提琴匣子和棺材的相似之处》（"The Resemblance between a Violin Case and a Coffin"）为例来分析隐喻在语篇连贯中的作用。

该小说讲述了一个关于青春期的故事，共三个主角：姐姐、妹妹（小说的叙事者）以及一个名叫瑞恰德·迈尔斯（Richard Miles）的男孩。故事以姐姐突然踏入青春期为开头，小说大量地从妹妹的视角来描述姐姐的变化，以及妹妹因这些变化所产生的不适应情绪；后来，她们的生活中出现了一个男孩——瑞恰德·迈尔斯，他是和姐姐一起练习二重奏的搭档。妹妹对姐姐的依恋逐渐转移到这个男孩身上，他的一举一动都在妹妹关注的范围内。但不知何故，本来擅长

---

[1] 魏在江：《隐喻的语篇功能：兼论语篇分析语认知语言学的界面研究》，载《外语教学》，2006（5）：10-15。

于弹琴的姐姐每次和瑞恰德合作时总是要出错,即使在最后表演的关头她也错误百出,这使得姐姐非常懊恼。之后姐姐就放弃了学习音乐,她们一家搬到另一个地方居住,但不久之后,她们就获知瑞恰德由于肺炎去世的消息。在这篇小说中,瑞恰德所用的小提琴匣子实际上具有象征意义,它象征一段被尘封的记忆,即两姐妹之间的童年往事。这段往事随着瑞恰德的出现而被埋进了记忆深处,妹妹对姐姐的依赖也被转移到瑞恰德身上。在该小说中,有大量的篇章隐喻,它们在建构小说主题时发挥了巨大的作用。调查显示,小说中主要用了结构隐喻和本体隐喻来组织篇章。下文我们将详细讨论这两类隐喻在小说中所起的连贯作用。首先是结构隐喻。该小说最大的特点就是大量使用了时间即空间(TIME IS SPACE)这一隐喻,并且这种使用并不是零星的,而是将空间的概念系统地映射到时间上,这就是典型的结构隐喻。如在文章开头就有这样的描述:

(4) With her advantage of more than two years and the earlier maturity of girls, my sister moved before me into that country of mysterious differences where children grow up. And although we naturally continued to live in the same house, she seemed to have gone on a journey while she remained in sight. The difference came about more abruptly than you would think possible, and it was vast, it was like the two sides of the Sunflower River that ran through the two where we lived. On one side was a wilderness where giant

cypresses seemed to engage in mute rites of reverence at the edge of the river, and the blurred pallor of the Dobyne place that used to be a plantation, now vacant and seemingly ravaged by some impalpable violence fiercer than flames, and back of this dusky curtain, the immense cotton fields that absorbed the whole visible distance in one sweeping gesture. But on the other side, avenues, commerce, pavements and homes of people: those two separated by only a yellowish, languorous stream that you could throw a rock over. The rumbling wooden bridge that divided, or joined, those banks was hardly shorter than the internal in which my sister moved away from me. Her look was startled, mine was bewildered and hurt. Either there was no explanation or none was permitted between the one departing and the one left behind.

这段话出现在小说的开篇之处，它描绘了叙事者（即妹妹）与姐姐之间由于年龄上的差异而产生的隔阂。作者采用了一个语篇隐喻来描述这种隔阂，这个语篇隐喻是空间隐喻（TIME IS SPACE），即年龄之间的差距是空间上的差异（AGE DIFFERENCE IS SPACE DIFFERNCE）。相对于空间而言，时间是较为抽象的概念，所以用空间来理解时间更为直观。但在此处作者显然是把空间做了线性处理，他把空间想象成一条线一样的一维空间，即每个人都要走的人生道路，所以这里也暗含了另一个隐喻，即生命就是旅程

(LIFE IS A JOURNEY)，该隐喻把人从出生到死亡的过程视为一个有起点和有终点的旅程。并且这个旅程还是单向的（unidirectional），无法重复的，只能前进不能后退，所以该小说所使用的空间隐喻可以具体为生命就是一条线（LIFE IS A LINE）的隐喻。这样，人的生命就如旅程一样具有线性特征（linearity）。在这个具有线性特征的单向旅程中，不同年龄的人处于不同的位置，于是两个有年龄差异的人所处的位置就不同，年长的人会处于该线条中前方的位置，而年幼的人则处于该线条中后方的位置。小说中的第一句话讲到姐姐先于妹妹走进与孩子的世界完全不同的国度，其实就是在说姐姐进入了人生的另一个阶段。另外，空间隐喻在这里除了帮助读者理解不同人之间的年龄差异，还可以帮助我们理解由于年龄差异所带来的两姐妹之间的心理上的隔阂。我们知道，如果两个人之间的空间距离较远，那么他们接触和沟通的机会较少，他们对对方的情况知之甚少，并且他们所观察到的外在世界也不一样，这就可能导致他们认知上的差异，进而产生心理上的隔阂。作者在此处把空间造成的隔阂也映射到时间域上了。由于年龄上的差距，姐妹之间很难相互理解，这就可能在她们各自的心中产生隔阂，甚至形成误会。上述隐喻是理解本段话的第二句话的前提。第二句话的大意是虽然她（妹妹）和姐姐生活在同一屋檐下，但姐姐好像在进行一个长途跋涉的旅行，尽管她就在妹妹的眼前。试想如果没有第一句话以及第一句话背后的隐喻思维作铺垫，第二句话是完全不具备连贯性的：为什么姐姐可以在妹妹的眼前而开展一段不为妹妹所知的旅行。而通过理解第一句话及其背后的隐喻思维之后，我们就可以明白这是因为尽管两姐妹的空间距离很近,但她们之间的年龄差异使得她们所思考的内容、她们所从事的活动、她们的言行都有巨大的差异。感觉她们根本就是两个世界的人,完全无法沟通。这也是为什么后文妹妹有时会把她的姐姐描述为 "this strange young lady who had come to live with us" 来展示她们之间的陌生和距离。

　　后文中,叙述者把空间隐喻做了进一步具体的细化阐述,把她与姐姐之间的心理隔阂(距离)视为一条河流的两岸。虽然它们之间的距离很近,被一个小木桥连接着,从此岸扔一个石头都可以到达彼岸,但两岸的风貌迥异。河的一侧是一片未开发的处女地,松柏疯长,被废弃的种植园中野草丛生,在这些荒废的景象之后是一片望不到头的棉花地;河的另一侧景观则完全不同,上面有林荫大道、各种商业活动、人行道,人们的家都在这一侧。可以看到,这两侧虽然在空间距离上如此接近,但它们的景象对比非常强烈:一侧是完全未经开发的处女地,一片荒凉;而另一侧则是人们居住的地方,充斥着各种人类的文明。很自然,叙事者(妹妹)在此把自己喻为河的荒凉的一侧,完全没有人搭理她,也不受任何的约束,一个野孩子的形象由此跃然纸上;而把姐姐视为河的另一侧,她的表现是如此淑女,如此脆弱,与社会对女性形象的要求完全相符,因而受到家人的普遍重视,比如文中提到的 "she was escorted to kitchen table" "everything was handed to her"。通过上文的分析可以看到,整个语篇都在第一句话所隐含的隐喻的统领之下,成为一个连贯的语篇,后面的所有的论述都是围绕着时间就是空间(TIME IS A SPACE),或者具体为生命就是一条线(LIFE IS A ONE DIRECTION LINE)这个隐喻,并进一步引申出处于不同年龄的人在线条的不同位置，以及这种不同的位置可能会使人与人之间产生某种隔阂的结论。可以看到，这是一个非常系统的隐喻，空间域的不同方面都被系统地投射到了时间域上，帮助人们理解时间域中的抽象概念和关系，使人们更好地理解这种由于年龄而造成的差异。除了第一段，后文还延续了这个空间隐喻。如：

（5）Sometimes I think she might have fled back into the more familiar country of childhood if she had been allowed to, but the grownup ladies of the house, and even the colored girl, Ozzie, were continually telling her that such and such a thing was not proper for her to do. It was not proper for my sister not to wear stockings or to crouch in the yard at a place he earth was worn bare to bounce a rubber ball and scoop up starry-pointed bits of black metal called jacks. It was not even proper for me to come into her knocking. All of these properties struck me as mean and silly and perverse, and the wound of then turned me inward.

这里妹妹在心里继续沿用了空间隐喻，即当姐姐跨入了另一个人生阶段就意味着她进入了另一个国度。在那个国度的姐姐一定曾想逃出来，回到以前的国度，即童年的时光。可是那个国度的规则不允许她这么做，她必须遵循那个国度的规则，如必须穿丝袜，不能蹲在地上等。这些规则一定使得姐姐感到不自在，因此她有可能想逃离。下文接着借用这

个隐喻论述了姐姐在成人国度中的表现:

(6) My sister had been magically suited to the wild country of childhood but it remained to be seen how she would adapt herself to the uniform and yet more complex world that grown girls enter. I suspect that I have defined that world incorrectly with the word uniform; later, yes, it becomes uniform, it straightens out into an all too regular pattern. But between childhood and adulthood there is a broken terrain which is possibly even wilder than childhood was. The wilderness is interior. The vines and the brambles seem to have been left behind but actually they are thicker and more confusing, although they are not so noticeable from the outside. Those few years of dangerous passage are an ascent into unknown hills. They take the breath sometimes and bewilder the vision. My mother and maternal grandmother came of a calmer blood than my sister and I. they were unable to suspect the hazards that we were faced with, having in us the turbulent blood of our father. Irreconcilables fought for supremacy in us: peace could never be made: at best a smoldering sort of armistice might be reached after many battles. Childhood had held those clashes in abeyance. They were somehow timed to explode at adolescence, silently, shaking the earth where we were standing. My sister

now felt those tremors under her feet. It seemed to me that a shadow had fallen on her. Or had it fallen on me, with her light at a distance? Yes, it was as if someone had carried a lamp into another room that I could not enter. I watched her from a distance under a shadow. And looking back on it now, I see that those two or three years when the fatal dice were still in the tilted box, were the years of her beauty. The long copperish curls which had swung below her shoulders, bobbing almost constantly with excitement, were unexpectedly removed one day, an afternoon of a day soon after the one when she had fled from the piano in reasonless tears. Mother took her downtown. I was not allowed to go with them but told once more to find someone else to play with. And my sister returned without her long copper curls. It was like a formal acknowledgement of the sorrowful differences and division which had haunted the house for some time.

在这一段话中，作者沿用了时间是空间的隐喻，认为她的姐姐在童年这一空间（文中表述为国度）表现得非常自如，但她在成人空间的表现仍需拭目以待。她进一步提出在童年与成人之间还存在着一个过渡空间，也就是说人不是一夜之间就长大的，在这之前，每个人还要经历种种困惑和迷茫，作者在此处把这一状态喻为"破败不堪的地形（broken terrain）"，在这一空间中，人们表面看似平静，其实内心充满了各类挣扎,就像是在泥泞的路上行走一样。由于这些困难的存在,因此小说的叙事者对她的姐姐能否在成人空间如鱼得水表示怀疑。可以看到,在继续沿用空间隐喻的基础上,作者更为细致地用地形的不同特点来比喻人在不同阶段所遇到的困难:

(7) She was probably the one woman in the world by whom my mother was intimidated, and our occasional summer journeys to Knoxville from the Delta of Mississippi were like priestly tributes to a seat of holiness, for though my mother would certainly never make verbal acknowledgement of my aunt's superiority in matters of taste and definitions of quality, it was nevertheless apparent that she approached Knoxville and my father's younger sister in something very close to fear and trembling. Isabel had a flame, there was no doubt about it, a lambency which, once felt, would not fade from the eyes. It had an awful quality, as though it shone outward while it burned inward. And not long after the time of these recollections she was to die, quite abruptly and irrelevantly, as the result of the removal of an infected wisdom tooth, with her legend entrusted to various bewildered eyes and hearts and memories she had stamped, including mine which have sometimes confused her with very dissimilar ladies.

What I saw was not Isabel in my sister but a grown

stranger whose beauty sharpened my sense of being alone. I saw that it was all over, put away in a box like a doll no longer cared for, the magical intimacy of our childhood together, the soap-bubble afternoons and the games with paper dolls cut out of dress catalogues and the breathless races here and there on our wheels.

此处的描述也是在时间即空间隐喻的基础上展开的，在该隐喻的统领下，过去的时间就像曾经停留过的并且永远也不会再去的地方那样被尘封起来，这里她具体把过去的时间描述为被放在盒子里的洋娃娃一样不再受人注意。同时此处也用到了容器隐喻，即一个时间段为一个容器，童年发生的事情视为容器里面所容纳的东西，比如一起吹肥皂泡泡、剪纸娃娃等。

（8）I received no attention at all, and the one or two glances given me by my sister had a peculiar look of resentment in them. It was as if I had struck her the night before and given her a bloody nose or a black eye, except that she wore no bruise, no visible injury, and there had been no altercation between us in recent days.

I was ashamed to tell them that other children frightened me nor was I willing to admit that my sister's wild imagination and inexhaustible spirits made all other substitute companions seem like the shadows of shades, for now that she had abandoned me, mysteriously and willfully withdrawn her enchanting intimacy I felt too resentful even to acknowledge secretly to myself, how much had been lost through what she had taken away…

这段运用了本体隐喻（ontology metaphor），把姐姐带给她的欢乐喻为具体可见的物体，是可以在不同的人之间进行传递的，当姐姐不再陪伴她时，这种欢乐就像物体一样被姐姐完全收回了。

（9）It was constantly on the lips of my sister, this strange young lady who had come to live with us. It had a curious lightness, that name, in the way that she spoke it. It did not seem to fall from her lips but to be released from them. The moment spoken, it rose into the air and shimmered and floated and took on gorgeous colors the way that soap bubbles did that we used to blow from the sunny back steps in the summer. Those bubbles lifted and floated and they eventually broke but never until other bubbles had floated beside them. Golden they were, and the name of Richard had a golden sound too. The second name, being Miles, gave a suggestion of distance, so Richard was something both radiant and far away.

此处用了隐喻"瑞恰德·迈尔斯的名字就是两姐妹童年

时吹的肥皂泡"。它在空中飘浮着，直到其他泡泡碰到它为止。其实上述对源域的描述也是为了更好地描述目标域，即名字。当瑞恰德·迈尔斯这个名字被姐姐说出来之后，它就一直萦绕在屋里，无处不在，直到人们发出另外的声音取代它。孩子对肥皂泡是非常着迷的，它一直飘浮在空中，不可接近，但又让人情不自禁地追随着它，一旦被触碰到，它就消失了。所以作者在这里用肥皂泡来喻比瑞恰德·迈尔斯是"别有用心"的，这个隐喻表示瑞恰德·迈尔斯是可望而不可即的，也是非常脆弱的。这个隐喻为下文瑞恰德·迈尔斯的遭遇埋下了伏笔。

（10）But while love made her brilliant, at first, it made me laggard and dull. It filled me with sad confusion. It tied my tongue or made it stammer and it flashed so unbearably in my eyes that I had to turn them away.

此处也为本体隐喻，把对瑞恰德·迈尔斯的看不见的情愫喻为某种实体（entity），它使姐姐越来越聪慧，使妹妹变得口拙。

综上可见，在较短的篇幅内，作者向读者展示了姐姐的巨大的变化，作者主要是通过空间隐喻来实现这一目的的，把姐姐发生变化的前后时间视为不同的空间，通过叙述这两个空间的巨大差异生动地展现了姐姐的变化。通过这种隐喻手法，不仅生动地描绘了姐姐的变化，让人更容易理解，也增添了文章的趣味。通过这种系统的隐喻映射，我们也可以发现如下两个不容忽视的事实：首先，隐喻绝非像传统的研究所宣称的那样只是修饰性的语言，更为重要的是，它可以帮助人们组织思路和进行推理，因此它具有系统性的思维方式。其次，隐喻的作用也并非局限在词汇或句法层面，它在组织语篇上发挥着巨大的作用。由此，通过第二章、第三章以及本节的研究我们可以发现，隐喻对语言的各个层面（包括词汇、句法和语篇）都有重大的影响。因此在这个层面它实现了认知语言学的概括性承诺；另外它也可以旁证不同层面的语言现象在认知上都不具有本质的差异，生成语法把语言切割成块的做法过于随意，掩盖了语言的本质。

第二节 语篇连贯的象似性

前文提及，索绪尔认为语言符号是能指（signifier）和所指（signified）的结合体，其中能指是"音响效果（sound image）"，而所指是概念。他提出能指和所指之间的关系是任意的（arbitrary），即两者之间的结合是不可论证的、没有理据的。正如莎士比亚所说"玫瑰即使不叫玫瑰它依然可以芳香如故"，也即事物的称谓与其意义之间没有任何关联。

从他所举的例子以及论证的内容可见，索氏所说的语言的任意性是停留在词汇层面的。但由于索氏在语言学界的巨大影响力，他的这一观点影响了语言学的发展方向。因此从布鲁姆菲尔德的结构主义，再到乔姆斯基的生成语法，语言的象似性受到极大的忽视和否定，任意说得到极端的发展。

但词汇并非语言的全部,语言也不是单词的简单叠加。为了传递信息,人们必须把单词按照一定的顺序排列起来,这种顺序是说话人和听话人必须共同遵循的原则,只有这样才能保证交际的顺利进行。因此如果仅在词汇层面就断定语言具有任意性未免有以偏概全之嫌,并且本书第二章的研究也表明词汇层面也并非像索绪尔宣称的那样完全呈任意性。为弥补这一不足,学者们继而提出语言的象似性,沈家煊(1993)认为象似性是语言符号的能指与所指之间具有一种天然的联系,两者的结合是可论证的、有理据的。王寅(1999)则更为具体地把象似性定义为语言符号在语音、语形以及结构上与其所指(包括客观世界、经验结构和认知方式等)之间存在的映照性相似的现象。这种象似性一般而言与人们的身体体验和对世界的认知模式是相关的,因为只有这样,语言的交际才会更有效率。对象似性的研究始于语音和词汇层面,后来才扩展至句法层面。目前学术界发现句法中至少存在以下三类象似性:距离象似性(the proximity principle)、数量象似性(the quantity principle)和顺序象似性(sequential order principle)。在此基础上,王寅(2007:510;1998)又提出语言中还存在另外三类象似性:(1)标记象似性(标记性从无到有象似于认知的自然顺序及组词的一般顺序,有标记性象似于额外意义,无标记性象似于可预测的信息);(2)话题象似性(分句的话题象似于思维的起始点,分句的述题象似于思维的过程和结果);(3)句式象似性(组词成句的方式象似于民族的思维定式和社会文化风俗)。由于上述内容在本书的第一章已有分析,此处不再详述。此处重点论述象似性对语篇连贯性的贡献。

认知语言学认为各语言单位（包括语素、词汇、句法和语篇）之间没有明确的界限，呈连续体；并且语言是一个层级系统（hierarchy），小的语言单位往往结合形成大的语言单位，因此在语篇层面也一定存在着象似性，并且这种象似性可以使语篇更为连贯。所以象似性原则也完全可以运用至语篇分析中。小说作为语篇的一个类别，也能在此框架内获得解释。但不同的语篇对不同的象似性的倚重程度可能有所不同，如诗歌中就经常运用视觉象似性，即语篇的布局模仿真实世界中的物体外形，比如惠特曼（Walt Whiteman）所写的"O Captin! My Captin!"整首诗就象似于一艘船。小说作为一个较长的文本则很难象诗歌那样运用视觉象似性，本节拟以《了不起的盖茨比》为例探讨象似性原则在小说语篇中所起的连贯作用，以及此类语篇中常用的象似性原则类型。

从语篇角度来说，一个语篇或一组语句若能与所描述的客观外界和心智世界取得某种方式上的映照性相似关系，该语篇就具有连贯性[1]。本节将基于象似性原则来探讨20世纪的经典小说《了不起的盖茨比》中的语篇连贯性。《了不起的盖茨比》是美国作家菲茨杰拉德（Francis Scott Fitzgerald）于1925年所著。当时第一次世界大战刚于1918年落下帷幕，1929年的经济大萧条还未到来，美国的经济出现了空前的繁荣。物质的丰盈促使人们的价值观和道德观发生了极大的变化，传统的清教徒道德观受到挑战，取而代之的是对纸醉金迷以及享乐生活的极度追求。菲茨杰拉德把这个时代称为

---

[1] 王寅：《认知语言学与语篇连贯研究——八论语言的体验性：语篇连贯的认知基础》，载《外语研究》，2006（6）：6-12。

"爵士乐时代",并对它做出如下描述:这是一个奇迹的时代,一个艺术的时代,一个挥金如土的时代,也是一个充满嘲讽的时代。置身于这样一个时代,菲茨杰拉德本人也过着挥金如土的奢侈生活,所以他能入木三分地描述当时人们的生活状态。但作为一个作家,他具有较强的自省意识,因此他也能跳出自己的生活并认真地剖析它。通过《了不起的盖茨比》,菲茨杰拉德披露了当时美国社会各阶层的生活状态,包括以汤姆(Tom)和黛西(Daisy)为代表的上层社会、以盖茨比为代表的新贵和以威尔逊(Wilson)及其夫人的中下层阶级。他批判了当时社会的世风日下,对挥霍生活以及毫无意义的成功的追逐使得很多人放弃了对自力更生和勤奋工作的信仰。

小说以主人公之一的尼克(Nick)为视角展开。他生于美国的中西部地区,在耶鲁大学完成学业之后就去了纽约做债券生意。他在长岛的西卵(West Egg)租的房子,与他为邻的则是小说的主角盖茨比(Gatsby)。此时的盖茨比已经是一夜爆发的新贵,他住着奢华的别墅,夜夜举办盛大的派对,许多不认识他的人也会不请自来,为的就是一睹他的豪气。尼克也被邀请参加过这样的聚会。然而盖茨比并不擅长也不喜欢这样的社交,他这样做的目的是为了挽回他曾经的恋人黛西——尼克的远房表妹,她住在西卵对面的东卵(East Egg)。两人在盖茨比服役之前相识并相恋,但当时盖茨比并无足够的财力与之成婚。在盖茨比服役之后,黛西因耐不住寂寞而嫁给了家境殷实的汤姆。这沉重地打击了盖茨比,但他并不死心,决心通过自己的努力挽回黛西。最后他通过贩卖私酒以及贿赂官员等不正当手段跻身富人阶层并在西卵买下豪华别墅,夜夜笙歌,宾朋满座,以吸引黛西。在盖茨比和尼克的精心安排下,两人最终相见,互诉衷肠。然而黛西却无法完全放弃汤姆给她的奢侈生活,于是三人形成了三角恋关系。汤姆最终发现了二人的私情,妒火中烧。三人聚会之后,黛西驾车意外撞死了汤姆的情妇威尔逊夫人,盖茨比试图承担这一罪名,以确保黛西不受伤害、安然无恙。但汤姆却对威尔逊先生谎称是盖茨比撞死威尔逊夫人的,威尔逊一气之下潜入盖茨比的别墅并开枪将他打死,随后自杀身亡。盖茨比死后,竟无一人表示过关心和同情,以前在他的门前络绎不绝的宾客现在也都销声匿迹。更悲哀的是,盖茨比所痴迷的黛西也与汤姆移居他处,连一个电话都不曾打过,两人继续着他们纸醉金迷的日子。葬礼在凄冷的雪天开始并结束,由此盖茨比的一生也落下帷幕。盖茨比是20世纪20年代典型的美国青年,有梦想并拼命地实现梦想,认为物质可以解决一切问题(包括爱情),因此他们往往通过对物质的追求来标榜自己。作者通过盖茨比的最终死亡冷酷地表明那一代年轻人所追求的梦想的破灭。研究发现,在表达上述主题时,作者在该书中使用了大量的象似性原则,这些不同的象似性原则在小说主题的建构中起着不同的作用,下面我们一一探讨这些原则在文中的作用。

一、数量象似性

该小说的很多地方都反映了数量象似性,数量象似性在篇章中体现在如下几个方面:首先,对重要的信息作者一般会花大量的篇幅从不同的角度介绍;其次,除了篇幅,作者还借助了重复这一手段来体现信息的重要性。当然在该小说中重复除了表达重要性，还与概念的程度、人的情绪等呈象似关系。下面一一介绍本书中的数量象似性。

首先在篇幅上，作者在描述读者不熟悉的信息时一般会花大量的篇幅介绍。比如在小说的开篇，作者在介绍本书的主人公盖茨比时花费了大量的笔墨，这主要是出于两个原因：首先，该人物第一次在书中出现，不为读者所熟悉；其次，他是本书的主角，非常重要，所以有必要对他进行详细描述。

（11）Only Gatsby, the man who gives his name to this book, was exempt from my reaction—Gatsby, who represented everything for which I have an unaffected scorn. If personality is an unbroken series of successful gestures, then there was something gorgeous about him, some heightened sensitivity to the promises of life, as if he were related to one of those intricate machines that register earthquakes the thousand miles away. This responsiveness had nothing to do with that flabby impressionability which is dignified under the name of the "creative temperament"—it was an extraordinary gift for hope, a romantic readiness such as I have never found in any other person and which it is not likely I shall ever find again. No—Gatsby turned out all right at the end; it is what preyed on Gatsby, what foul dust floated in the wake of his dreams that temporarily closed my interest in the abortive sorrows and short-winded elations of men.

值得注意的是，此处作者并没有介绍盖茨比的生平和经历这类在通常情况下人们首次认识时所关心的话题，而是开始就介绍了其性格。盖茨比对人生充满极度的希望和敏感，作者在此处还借用了一个隐喻来说明他的敏感性："as if he were related to one of those intricate machines that register earthquakes the thousand miles away"。众所周知，记录地震的仪器非常敏感，即使几千英里以外的地方发生了地震它也可以捕捉这一信息，以此喻彼，我们就可以了解盖茨比性格的敏感程度。这也暗示其性格将在他后续的经历中发挥巨大的作用，这种性格特质也决定了他悲惨的命运，他不顾一切地去追求他曾经的恋人，并为之付出了生命的代价。可见此处的详细描述为作者后面的行文作了一个铺垫。这样就形成了一种前呼后应的连贯。

除了通过大量的篇幅来描述某个事物，有时说话人（写作者）还会通过重复来强调事物的重要性，或者加强他的语气。现在网络上有一种非常流行的说法"重要的事情说三遍"其实就体现了数量象似性，为了给听众灌输某事物的重要性，或者说为了防止听者遗忘某信息，说话人通过重复来强调其重要性。如为了吸引消费者购买某个产品，店家就会说："开抢了！开抢了！开抢了！重要的事情说三遍。"在一则预告台风的新闻中，作者这么写道："重要的事情说三遍！台风要来了！台风！降暑的台风！台风这么重要的事情，不讲三遍你会听么？怎么能不讲三遍？"

上述例子都是通过对话语的多次重复来强调其重要性

的。在《了不起的盖茨比》一书中，作者也常常使用重复这一手段，但重复在此不仅可以表达事物的重要性，还可以加强语气，加强程度和表达激烈的情绪：

（12）I love to see you at my table, Nick. You remind me of a—of a rose, an absolute rose, doesn't he? She turned to Miss Baker for confirmation: an absolute rose?

此处，黛西三次提到尼克带给她的感觉像一朵玫瑰花一样，让她觉得非常美好。她可能自己都意识到这种形容的荒诞不经，不太容易为别人接受，但她又不愿意放弃自己的说法，于是她就一次次地重复来加深自己的语气以强调她的感受。又如：

（13）"How'd it happen?"

He shrugged his shoulders.

"I know nothing whatever about mechanics," he said decisively.

"But how did it happen? Did you run into the wall?"

"Don't ask me," said Owl Eyes, washing his hands of the whole matter. "I know very little about driving—next to nothing. It happened, and that's all I know."

"Well, if you're a poor driver you oughtn't to try driving at night."

"But I wasn't even trying," he explained indignantly, "I wasn't even trying."

这段话描述的是盖茨比的晚会后的场景,一个有猫头鹰一样眼睛的人开车撞了墙并导致汽车轮胎脱落。当人们问他发生了什么事时,他一再否认自己与这件事的关联,因此他不停地重复着"I know nothing about mechanics（or driving）",他需要通过这种频繁的说辞来撇清自己与事故的关系。但是简单的重复而不是详细地说明事情的来龙去脉显然不能说服人们,重复在一定程度上只能说明他想逃避责任,欲盖弥彰。

重复除了可以加强语气,还能表达某个属性的程度很高,如作者在文中曾这样描述炎热的天气:

（14）"Hot!" said the conductor to familiar faces. "Some weather! … Hot! … Hot! … Hot! … Is it hot enough for you? Is it hot? Is it…?"

在整段话中,hot重复了6次,其中有三次是连续重复。说话人想通过这类重复来表达天气炎热的程度非常高,这样语言上的重复与概念上的高程度就具有了象似性。与上下文衔接起来。

此外,重复还能表达说话人的情绪。如:

（15）Some time toward midnight Tom Buchanan and Mrs. Wilson stood face to face, discussing in a impassioned voices whether Mrs. Wilson had any right to mention Daisy's name.

"Daisy! Daisy! Daisy!" Shouted Mrs. Wilson. "I'll say it whenever I want to! Daisy! Dai-"

Making a short deft movement, Tom Buchanan broke her nose with his open hand.

威尔逊夫人与汤姆争论她是否可以提黛西的名字，为了表达她强烈的不满，她故意不停地在汤姆面前重复黛西的名字。这种重复的次数与她的愤怒是成正比的，两者具有对应关系。她本想继续重复下去，但汤姆没有给她这个机会，他一拳打过去，她的鼻子流血了，她被迫停止。从这里也可以看出汤姆和威尔逊夫人的情商都不太高，当他们之间出现问题时，女方主要通过比较幼稚的方式来发泄自己的不满，男方则只是通过简单粗暴的方式来终止争论。他们没有就事论事地解决问题。

重复不仅体现在同一语言形式的反复出现，还可能体现在下位词（hyponym）对上位词（hypernym）的详细说明上。如：

（16）Once I wrote down on the empty spaces of a timetable the names of those who came to Gatsby's house that summer. It is an old timetable now, disintegrating at its folds, and headed "This schedule in effect July 5th, 1922". But I can still read the gray names, and they will give you a better impression than my generalities of those who accepted Gatsby's hospitality and paid him the subtle tribute of knowing nothing whatever about him.

From East Egg, then, came the Chester Beckers and the Leeches, and a man named Bunsen, whom I knew at Yale, and Doctor Webster Civet, who was drowned last summer in Maine. And the Hornbeams and the Willie Voltaires, and a whole clan named Blackbuck, who aways gathered in a corner and flipped their noses like goats at whosoever came near. And the Ismays and the Chrysties (or rather Hubert Auerbach and Mr. Chrystie's wife), and Edgar Beaver, whose hair, they say, turned cotton-white one winter afternoon for no good reason at all.

……

All of these people came to Gatsby's house in the summer.

此处作者列举的是那些曾经光临过盖茨比的派对的人，作者说这个名单很长，出于篇幅限制，这里只摘录了其中的一段，事实上，文中用了六大段将近三页的篇幅来说明那些参加过派对的人。作者在此没有一语带过式地说"参加派对的人很多"，而是不厌其烦地细致地列出他们的名字，以及他们的一些特征和轶事，只是想强调参加的人的数量之多。这种热闹非凡与盖茨比逝世后竟无一人前来吊丧的门庭冷落的情形形成了鲜明的对比，反映了当时人们的冷漠，这也从侧面讽刺了盖茨比想通过这种方式来彰显自己的身份的失败。这种遥相呼应使得全文更加紧密地连贯在一起。

二、顺序象似性

顺序象似性主要包括空间象似性和时间象似性，小说中的多处内容都是按这两类象似性组织起来的。小说中在介绍一个不为人知的空间时，作者基本上是根据尼克的视角来进行的，但不同情况下观察者会选取不同的观察视角，一旦视角确定，说话人就必须按照这个原则进行描述，只有这样整个语篇才可能是连贯的。文中主要采用以下几类视角顺序：从大到小，从近及远，从整体到部分。如在介绍尼克、盖茨比以及尼克的表妹一家的居所时，小说就遵循了顺序象似性：

（17）It was on that slender riotous island which extends itself due east of New York—and where there are, among other natural curiosities, two unusual formations of land. Twenty miles from the city a pair of enormous eggs, identical in contour and separated only by a courtesy bay, jut out into the most domesticated body of salt water in the Western hemisphere, the great wet barnyard of Long Island Sound. They are perfect ovals—like the egg in the Columbus story, they are both crushed flat at the contact end—but their physical resemblance must be a source of perpetual confusion to the gulls that fly overhead.

在介绍他们的住宅位置时,是按照从大到小的顺序,先介绍纽约的东部的岛屿,然后介绍岛屿上的两个长得像蛋卵的地形,根据分布位置的不同被称为西卵和东卵。然后介绍了三者的空间关系,盖茨比住在西卵,尼克则住在西卵的顶部,黛西一家住在东卵。根据尼克的视角他首先介绍了自己的住所,然后描述了盖茨比的住所的情况。如:

(18) I lived at West Egg, the—well, the less fashionable of the two. My house was at the very tip of the egg, only fifty yards from the Sound, and squeezed between two huge places that rented for twelve of fifteen thousand a season. The one on my right was a colossal affair by any standard—it was a factual imitation of some Hotel de Ville in Normandy, with a tower on one side, spanking new under a thin beard of raw ivy, and a marble swimming pool, and more than forty acres of lawn and garden.

这种介绍的顺序也是具有象似性的。从空间上看,尼克对自己的住所最熟悉,因此他最先介绍自己的住所;其次,盖茨比的住所与尼克的最近,他更早也更容易看到其住所的情况。但值得注意的是,在这里介绍盖茨比的别墅时,尼克只介绍了从他的房间可以看到的盖茨比别墅的部分,而没有介绍其不能看见的部分。

最后尼克介绍了黛西的住所,这是因为在他搬过来之

后,他才受邀拜访黛西家:

> (19) Their house was even more elaborate than I expected, a cheerful red-and-white Georgian Colonial mansion, overlooking the bay. The lawn started at the beach and ran toward the front door for a quarter of a mile, jumping over sun-dials and brick walks and burning gardens—finally when it reached the house drifting up the side in bright vines as though from the momentum of its run. The front was broken by a line of French windows, glowing now with reflected gold and wide open to the warm winding evening.

这段话是从尼克的视角来介绍的,它遵循了两类介绍秩序:首先是从整体到部分的顺序,映入眼帘的是房子的整体;其次则是由远及近的顺序,有了整体印象后,他就开始关注房子的各个部分,他先从离他最近(也是房子的边缘处)的草坪说起,随着其脚步的移动,他的视线逐渐聚焦到房子的部分,如正面的一排法式落地窗。张德禄、刘汝山[1]提出,一个语篇连贯与否要看它是否符合人们通常对事件、事物、过程的习惯认识。此处的描述顺序象似于尼克视线的顺序,使人能更有秩序地了解房子的情况,这种秩序赋予了语篇连贯性。

---

[1] 张德禄、刘汝山:《语篇连贯与衔接理论的发展及应用》,上海:上海外语教育出版社,2003年。

除了空间象似性，作者在文中也大量运用了时间象似性。时间象似性体现在说话人按照事情发展的先后顺序来组织语言上，时间象似性非常符合人的认知顺序，因此一般情况下说话人倾向于采用时间象似性来描述事件的发生过程。文章多处都体现了时间象似性。首先从宏观上看整个小说叙事的主线就遵循了时间象似性。小说以尼克的视角来展开，在绝大多数情况下，它是按尼克经历的先后顺序来向读者讲述事情的经过。小说开篇介绍了尼克在搬到西卵之前的经历，入住西卵后他与文中的主人公黛西及其丈夫汤姆见面，然后结识汤姆的情妇威尔逊夫人；后与盖茨比偶遇，又被邀请至盖茨比的派对并认识他本人；在了解盖茨比的由来后，又为其与黛西牵线搭桥；汤姆获知两者的私情后暴怒，因盖茨比所乘的黛西的车撞死了威尔逊夫人，汤姆暗中告诉威尔逊先生是盖茨比所为；威尔逊先生一怒之下杀死盖茨比并自杀；在见识了盖茨比昔日生活的繁华与其死后的凄凉之后，尼克心灰意冷，搬离西卵回到自己的家乡。整个小说主要是以尼克经历的先后顺序来描述的。

除了宏观叙事遵循了时间象似性，在微观层面，作者也大多遵循此原则，威尔逊夫人描述她与汤姆认识的经历就是一个例子：

（20）It was on the two little seats facing each other that are always the last ones left on the train. I was going up to New York to see my sister and spend the night. He had on a dress suit and patent leather shoes, and I couldn't keep my eyes off him, but every time he looked at me I had to pretend to be looking at the advertisement over his head. When we came into the station he was next to me, and his white shirt-front pressed against my arm, and so I told him I'd have to call a policeman, but he knew I lied. I was so excited that when I got into a taxi with him I didn't hardly know I wasn't getting into a subway train. All I keep thinking about, over and over, was "You can't live forever; you can't live forever."

他们在火车上认识，当时两人面对面坐着，威尔逊夫人对汤姆可谓是一见钟情，此处描述了她的心理活动，她不停地想"你不可能永远活着"，言外之意是生命如此短暂和宝贵，你要趁你活着的时候去追求你所爱的人，否则就是浪费生命。

三、标记象似性

如果说顺序象似性是一种较为客观的象似模式的话，标记象似性则是一种较为主观的象似模式。因为前者大致符合客观世界的秩序，而后者则加入了人的主观性。根据认知语言学"现实——认知——语言"的基本原则可见，语言不会镜像地反映客观世界，它反映了说话人对世界的认知模式，这种认知模式不会永远遵循客观世界的秩序，更为准确地说，它反映的是人对客观外界的识解（construe）方式。识解就是人们从不同视角对同一场景进行观察和分析的认知能力。实质上，这就是一种注意力分配的问题。认知语言学认为，人的注意力是一种宝贵的资源，在特定的时间和空间内，他必须把注意力分配给最重要的事物。一般来说突显的事物更容易处于句子的突显位置，比如在事件中施事比受事更为突显，因此施事一般实现为句子的主语，而受事则成为句子的宾语。但这种突显度不是绝对的，人们完全可根据情境的不同调整自己的注意焦点，因此就产生了以受事为主语的被动句和中动句。这就是一种标记性句式，因为它比常用的句式传达了更多的意义。当然，除了主语，句子的焦点还可能是话题，于是说话人根据他的识解的不同，就可把一些不便于做主语的成分移至句首做话题，以突显其重要性。

上文所说的主要是句法层面上的标记象似性。在句间层面（即语篇层面）也存在标记象似性。如在叙述一件事情时我们常会按照事情发生的先后顺序进行，但如果说话人把某一部分识解为最重要的部分，为突显它的重要性，他也可能逆时间象似性，先讲述它。例如文中盖茨比和黛西相识并相恋在先，而尼克认识盖茨比在后，但文中无法同时采用多条线索来叙述故事的脉络，那样就会显得很乱，且没有主次，所以作者就非常艺术地借乔丹女士之口来告诉尼克和读者盖茨比和黛西之间的前缘。

(21) Before I could reply that he was my neighbor dinner was announced; wedging his tense arm imperatively under mine, Tom Buchanan compelled me from the room as though he were moving a checker to another square.

本段的上文是黛西向尼克询问谁是"那个盖茨比",一般礼貌的做法是在别人还没有说完话之前,听众应该耐心地等其讲完,但汤姆显然缺乏这样的耐心和教养,在尼克还没有来得及回答黛西的问题时,汤姆就伸手强势地推着他去吃晚餐。这里把汤姆的推的方式放在其行为前面,是想说明汤姆的行为的粗鲁性。

(22) Slenderly, languidly, their hands set lightly on their hips, the two young women preceded us out a rosy colored porch, open toward the sunset, where four candles flickered on the table in the diminished wind.

注意这段话的开头部分并非主语,而是主题。作者把修饰主语their hands行为属性的副词slenderly和languidly提至句首,是为了突显这两个属性,强调手的行为方式。

(23) Suddenly one of these gypsies, in trembling opal, seizes a cocktail out of the air, dumps it down for courage and, moving her hands like Frisco, and dances out alone on the canvas platform.

此处描述的是在盖茨比的一次晚会上一个吉卜赛女郎跳舞的情景。在介绍了主语one of these gypsies之后,作者立马引入她的装饰"全身上下都晃着玻璃饰品,手里拿着鸡尾酒杯,两手挥舞着",然后再说她在台上跳着舞。这是因为她的饰品在那个时段吸引了众人的目光,因此作者把对饰品的描述放在前面，这种句法位置上的突显性与其心中的突显性相对应。这种对应使得不那么平常的语序也传达出特殊的意义，该意义进而赋予整个语篇连贯性。

四、距离象似性

在该小说中，距离象似性则主要体现在两个方面：首先，上下义词之间的距离较近；其次，内容一致的表达式的距离较近。下面一一分析这两方面。

语内照应中的上指（用一个词或词组替代上文中提到的另一个词或词组）和下指是距离象似性的常见例子。上指和下指与其所指称的名词之间的距离也是较近的，它们往往是语义或概念上相近的内容。如：

（24）The next day was broiling, almost the last, certainly the warmest, of the summer. As my train emerged from the tunnel into sunlight, only the hot whistles of the National Biscuit Company broke the simmering hush at noon. The straw seats of the car hovered on the edge of combustion, the woman next to me perspired delicately for a while into her white shirtwaist, and then, as her newspaper dampened under her fingers, lapsed despairingly into deep heat with a desolate cry. Her pocket-book slapped to the floor.

本段的第一句话就点明当时天气的炎热，是当年夏天最热的一天。后文就用其下义词、同义词以及相关义词细致地阐述了这种炎热的程度，非常生动。全段共两句话，它们分别从不同的角度描述了炙热的天气。第一句话就非常有意思，它用表示温度属性的词来形容声音属性。当火车从隧道中驶出并暴露在炙热的阳光下，只有全国饼干公司热辣辣的汽笛声打破了中午闷热的寂静。这句话用热辣辣（hot）来形容"汽笛声"以及中午的"寂静"，实则是用温度来形容声音。我们知道声音是没有温度的，但在那种高温情境下温度是大家感知到的最突显的属性，作者也就打通了各感官之间的界限，把听觉所能感知到的属性也用触觉能感知的属性来形容。

　　第二句话则采用了夸张和写实的手法描述了车内的情景。车上的草坐垫已经濒于着火的边缘，坐在我旁边的女士起先还能镇定自如地任由汗水打湿她的衬衣，但当她手上的报纸在她潮湿的手指下变湿，在令人绝望的酷热中她往后一倒，悲戚地大叫一声。她的钱包啪的一声掉地上了。作者在开头就说车上的草坐垫就要着火了，其实我们知道要让草坐垫着火是需要温度接近100度的，但当时的温度没有这么高，作者这么说就是运用夸张的手法来表达天气热得让人难耐。后面运用了写实的手法，一个女士在酷热的天气下不停地冒汗，使得她的衬衣被打湿，开始她还能优雅地忍受，但当她的手指也冒汗并打湿了她手中的报纸时，她就陷入了绝望的深渊并大叫起来。这里描述了人们当时对温度的感知情况，也给人以天气炎热的印象。总之，整段话从各个不同的角度描述了在炎热的天气下的情况，仿佛使人体验到天气的炙热。由于它们都是对第一句话的具体阐释，因此它们成为一个连贯的篇章。

另外,论述中紧密相连的观点也趋向于放在一起。例如英语中的主题句与围绕着主题句展开的论述或叙述都是与之相近的概念,因此在语言形式上也是就近放置的。如当盖茨比带着黛西和尼克去他家做客时,其中有一段话就是围绕着主题句展开的:

(25) We went upstairs, through period bedrooms swathed in rose and lavender silk and vivid with new flowers, through dressing-rooms and poolrooms, and bathrooms, with sunken baths—intruding into one chamber where a dishevelled man in pajamas was doing liver exercises on the foor. It was Mr. Klipspringer, the "boarder." I had seen him wandering hungrily about the beach that morning. Finally we came to Gatsby's own apartment, a bedroom and a bath, and an Adam study, where we sat down and drank a glass of some Chartreuse he took from a cupboard in the wall.

试想一下,如果没有第一句"We went upstairs",后面的句子就是零散的。但在第一句的统领之下,它们就连贯起来。后面的每一句话都是围绕这第一句展开的,它们细致地描述楼上的结构和布置,以及在楼上的人的行为。由于这些句子详细阐释了楼上的状况,因此它们与第一句具有抽象和具体的范畴化关系,换句话说,后面的句子是对第一句的一个例示(instantiation),所以在距离上它们紧挨在一起,符合距离象似性。

综上，本节以及第二章的第三节调查并分析了美国20世纪经典小说《了不起的盖茨比》中象似性在语篇连贯中所起的作用，发现该小说综合运用了多种象似性，包括时间象似性、数量象似性、距离象似性、标记象似性、声音象似性。虽然这些象似性都为语篇的连贯性做出了贡献，但它们的具体作用是不同的。其中时间象似性主要用于小说情节的叙述中，由于小说的主要功能是叙事，所以该小说中运用的时间象似性最多。数量象似性多用于表达事物的重要性，它主要用在塑造人物的过程中，比如在介绍小说的主要角色时作者多采取数量象似性；此外，数量象似性也可以表达说话人的情绪，比如强调、愤怒等，所以它也可以用于对话中。该小说中距离象似性主要体现在作者就某一观点进行详细阐述的过程，其作用在于向读者说明某个事物的细节。标记象似性偏离了常规的句式，是为了引起读者的注意，其作用在于强调事物的重要性。通过第一章第三节的分析可见，声音象似性在该小说中则主要用于模仿人物所发出的声音，通过声音我们可以了解人物的情绪、心态和性格等特征，所以声音象似性在一定程度上也具有塑造人物的功能。通过上述象似性，作者既塑造了角色，表明了态度，也推进了情节的发展，从而最终打造出一个连贯的语篇。

第三节　语篇连贯的认知参照点属性

人在认识外界事物时，并非随意无序，通常情况下，我们都会选取环境中的某个物体为认识其他事物的依托，根据此事物与其他事物之间的关系，从而达到认识其他事物的目的。被选取的这一物体在物理学中被称为参照点。它表示在机械运动中，人们假设不动的物体，并由此物体作为基准参照其他物体的物体。但值得注意的是，参照点不是静止不变的，在一种情景下是参照点，在另一种情景下就可能成为人们认识的目标。同样，认知目标也是动态的，在一种情景下是认知目标，在下一情景就可能成为人们认识其他目标的参照点。由此就形成了一个"参照点——目标——参照点——目标……"的链条。格式塔心理学（Gestalt Psychology）的创始人之一韦特默（Max Wertheimer）将参照点的概念引入心理学，并提出有些"理想的种类"会充当感知中的参照点[1]。这一理论得到认知心理学家的发展，如罗西（Rosch）[2]通过实验证明了范畴中原型成员是人们认知非原型成员的参照点，也就是说参照点被证明是人的一种基本认知模式。

根据认知语言学"现实——认知——语言"的基本原则，人的这种认知模式在语言中也应该有所映射。首先把参

1　赵永峰：《基于RAB的现代汉语动前构式合动谓构式的认知研究》，四川大学博士学位论文，2013年。
2　Eleanor Rosch: "Cognitive Reference Points", in *Cognitive Psychology*, 1975 (4): 532-547.

照点引入语言研究的是兰盖克。根据兰盖克[1]，认知参照点（Cognitive Reference Point）指在固定的辖域（dominion）中，人们通过一个事体在心理上建立与另一事体联系的认知能力。换句话说，在参照点模式中人们首先激活参照点（突显的事体），通过它认识目标（不太突显的事体），该参照关系可通过下图表示：

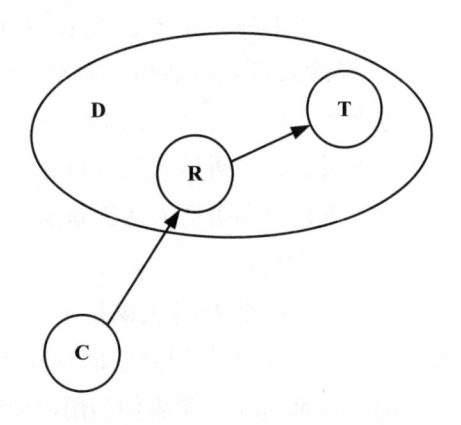

该图中C（Conceptuliser）代表认知主体，R（Reference Point）代表认知参照点，T（Target）代表目标，D（Dominion）代表参照点所在的认知辖域。由于突显度的不同，认知主体首先激活较为突显的参照点R，通过它认识T——目标。这里举个例子说明认知参照点的工作原理：

（26）张红有一个弟弟，他弟弟的老婆就是这

1　R. W. Langacker: "Reference-point Construction", in *Cognitive Linguistics*, 1993(4): 1-38.

个公司的经理。

在这个句子中,"张红"应该是说话人和听话人都熟悉的,因此他成为认知参照点来引导双方认识他的弟弟,然后,他的弟弟又成为下一句话的立足点,作为认知参照点来引导说话双方认识他的老婆,这就形成了认知参照链:张红——张红的弟弟——弟弟的老婆——公司的经理。上述例子表明,在语言中说话人首先激活他与听话人都熟悉的概念,并以之作为参照点,引导听话人认识与参照点相关但又不为听话人所熟悉的目标,在听话人认识目标之后,该目标就可能成为参照点,继续引导听话人认识新的目标,由此可见认知参照点具有动态属性。

兰盖克[1]认为,参照点是人们认识世界的基本认知能力,只是多数情况下人们并未意识到它的存在(below the threshold of explicit attention)。学者们利用该理论分析了大量的从表面上看起来异质(heterogeneous)的语言现象,如

---

1 R. W. Langacker: "Reference-point Construction", in *Cognitive Linguistics*, 1993(4): 1-38.

转喻和领属结构[1]、话题结构[2]、双主语结构[3]、偏正结构[4]、汉语中的名物化现象[5]、有字句[6]等。这些现象都在参照点的范式内获得了统一的解释，并且通过参照点模式上述现象获得了更充分的解释。这说明参照点这一认知能力对语言的重要影响。但截至目前，学者们主要用参照点模式研究词法和句法，鲜有学者用该模式研究语篇中的衔接问题。这与认知语言学想用几种基本的认知模式概括性地解释各层次的语言现象这一目标显然是背离的，并且也不符合认知语言学所提出的语言单位成连续体的基本假设。基于此认识，本章着重研究认知参照点的语篇组织能力，以扩展认知参照点模式的解释范围。但值得注意的是，在语篇层面的认知参照点能力与词汇和句法层面的认知参照点能力有所不同，前文的分析显示，词汇和句法层面的认知参照点主要是一种替代关系，即

---

1 R. W. Langacker: *Foundations of Cognitive Grammar, Descriptive Application*, Vol. Ⅱ, Stanford: Stanford University Press, 1991; R. W. Langacker: "Reference-point Construction", in *Cognitive Linguistics*, 1993(4): 1-38.

2 R. W. Langacker: *Grammar and Conceptualization*, Berlin/New York: Mouton de Gruyter, 1999.

3 Toshiyuki Kumashiron & R. W. Langacker: "Double-subject and Complex-predicate Constructions", in *Cognitive Linguistics*, 2003(14).

4 刘宁生：《汉语偏正结构的认知基础及其在语序类型学上的意义》，载《中国语文》，1995（2）：1-89。

5 沈家煊、王冬梅：《"N的V"和"参照—目标"构式》，载《世界汉语教学》，2000（4）；高航：《参照点结构中名词化得认知语法研究》，载《汉语学习》，2010（3）：17-27。

6 张韧：《参照点处理对概念内容的限制："有字句"的证据》，载《外国语》，2012（3）：2-12。

一个概念指代另一个概念的转喻关系,这是一种聚合关系层面(paradigmatic plane)的认知参照点。但从下文的分析可以发现,语篇层面的认知参照点则主要表现为一种横向组合(syntagmatic plane)层面的认知参照点,即上一个句子与下一个句子之间的连接关系。

王寅[1]发现,认知参照点对语篇连贯具有重要贡献,这种作用主要表现在以下两个方面:首先,发讯者(即上图中的C)基于某一视角,确定一个讲话范围(相当于图中的D)和出发点(对应图中的R),并围绕这个出发点进行一系列论述(即多个T),此时该语篇就是连贯的。他用这种参照模式解释了论题的统领性连贯功能(即一个语篇围绕一个话题从多个角度展开论述)。比如大家都非常熟知的云南十八怪:

(27)你说奇怪不奇怪,云南就有十八怪。
　　四个竹鼠一麻袋,蚕豆花生数着卖;
　　袖珍小马多能耐,背着娃娃再恋爱;
　　四季衣服同穿戴,常年能出好瓜菜;
　　摘下草帽当锅盖,三个蚊子一盘菜;
　　石头长在云天外,这边下雨那边晒;
　　鸡蛋用草串着卖,火车没有汽车快;
　　小和尚可谈恋爱,有话不说歌舞代;
　　蚂蚱当作下酒菜,竹筒当作水烟袋;
　　鲜花四季开不败,脚趾常年露在外。

---

1 王寅:《认知参照点原则与语篇连贯》,载《中国外语》,2005a(5):17–22。

上述句子从表面上看都没有任何联系，但它们都被统领在"云南十八怪"这一题目之下，从不同角度介绍了云南的文化、商业、饮食等特色，因此该语篇是连贯的。其次，只要上句的词语（相当于图中的R）或R的语义域D能为下句中的词语T提供潜在的参照点，下文的T就可以与上文的D建立某种联系，这两个语句也因此具有连贯性，该模式可被认为是代词的使用及其实现语篇连贯的认知基础。

但后来王寅发现这两个模式不能涵盖所有语篇参照模式，于是他丰富并发展了七种认知参照点模式，将其命名为"修补的认知参照点原则"（Revised Cognitive Reference Point，简写为RCRP）[1]：（1）中心辐射型R-T联结，基于同一参照点R，激活若干个T，以辐射性方式向周围展开；（2）套叠连锁型R-T-t联结，由一个参照点引出一个T，再由其为参照点引出t，如此反复链接下去；（3）T=D联结，通过一个参照点引出的T可为整个语义域D，即一个R激活整个语义域D；（4）DT多样型，当整个D被激活后，它就能作为一个参照域，其中所含任何成分都可被激活出来；（5）多参照点型，同一个T或t不一定仅依据一个参照点，可能由多个参照点共同作用来决定一个T；（6）我他参照型，以"我"为中心将参照点分为"他物参照"（即C以其自身之外的一个物体或人来作为参照点）和"自我参照"（指观察者身临其境，以自身为参照点形成的参照体系）。

---

[1] 王寅：《修补的认知参照点原则与语篇建构机制》，载《外语与外语教学》，2011（2）：6-10。

本节将运用上述七类参照点模式来分析美国20世纪著名作家约翰·斯坦贝克（John Steinbeck）的短篇小说《紧身甲》（"The Harness"），探究该小说采用了哪些模式来引导读者了解故事情节，这些模式是如何实现篇章的连贯性的，以及它们是如何构建小说的主题的。"紧身甲"本义表示套马用的工具，包括皮带、马鞍以及一些金属器具，它是人用来控制马的行为的工具。此处采用的是该词的引申义，表示对人具有限制和束缚的人或事物。该小说讲述了蒙特里县（Monterey）一个农民皮特·朗达尔（Peter Randall）的故事，他是一个令人尊敬的人，因为他看起来总是非常庄严、举止稳重，他的语言充满了智慧，他的决定总是深思熟虑的结果，他的屋子总是窗明几净，总之他的一切看起来都值得他人学习。但他所呈现出的这种状态并非他自愿的，而是在他妻子的影响下才形成的，他自身是非常厌恶并且想极力摆脱这种如紧身甲似的控制的。虽然表面上看起来光鲜，但这并非他的真实面目。其实，皮特之所以展现出这一面，都源自他的妻子爱玛（Emma）对他的控制。他的身体松垮，于是在妻子的要求下他不得不穿上紧身甲（the harness）。除了身体上的控制，妻子对他的意志也施加了控制力：他想在土地上种豌豆，可是他的妻子坚决不同意；他想雇用保姆来照顾家庭，也被妻子拒绝。这种意志的控制使得皮特感到非常压抑，于是他每年都需要外出一段时间去过声色犬马的生活以释放自己的压力。妻子的过世使他摆脱了肉体上的控制，但由于多年受控制的情形已经形成习惯，他没能在心理上摆脱这种控制。所以在妻子去世之后，虽然他试图改变自己的生活，也脱掉了身上的紧身甲，但他多年的习惯使自己无法改变以前的生活模式：他仍然一整年都担心着庄稼的收成，并因为种了妻子之前不同意种的豌豆而愧疚了整整一年。他自己也不知道妻子是如何做到让自己始终俯首听命的，虽然这些让他觉得苦恼，但他终究没能脱掉其心灵上的紧身甲。

可以看到在该小说中，作者生动展现了女性在家庭中对男性的影响，以及男性在女性的这种无声的控制下的压抑。但小说的这一主题不是凭空产生的，它是作者通过采用各种参照模式逐渐成形的。下文将着重分析该小说中所采用的参照模式，并指出特定参照模式对小说主题构建的作用。通过调查发现，作者在该小说中主要采用了以下参照模式：中心辐射型、套叠连锁型、T=D联结型、DT多样型、多重交叉型。下面一一分析这些参照模式在文中的表现。

第一种参照模式是中心辐射型。

（28）Peter Randall was one of the most highly respected farmers of Monterey County. Once, before he was to make a little speech at a Masonic convention, the brother who introduced him referred to him as an example for young Mason of California to emulate. He was nearing fifty; his manner was grave and restrained, and he wore a carefully tended beard. From every gathering he reaped the authority that belongs to the bearded man. Peter's eyes were grave, too; blue and grave almost to the point of sorrowfulness. People knew there was force in him, but force held caged. Sometimes, for no apparent reason, his eyes grew sullen and mean, like the eyes of a bad dog; but that look soon passed, and the restraint and probity came back into his face. He was tall and broad. He held the shoulders back as though they were braced, and he sucked in his stomach like a soldier. Inasmuch as farmers are usually slouchy men, Peter gained an added respect because of his posture.

这段话来自小说的开头，它的主要功能是引入小说的主人公皮特·朗达尔。整段话都围绕着本段的第一句话展开论述，即皮特·朗达尔是蒙特里县最受尊敬的人之一，这句话统领了本段话，后文都是以它为中心来展开论述的；第二句话主要从外界对他的评价来论述他是如何受到尊敬的；第三句话主要从他的外貌和表情来说明；第四句话到第七句话主要讲述他的气质如何高贵，他是如何自律的；第八句话讲他的挺拔的体态——与其他农民懒散的体态不同，皮特·朗达尔像一个士兵一样永远保持着挺胸收腹的姿态，这为他赢得了额外的尊重。上述论述虽然在内部不具有逻辑，但它们在第一句话的统领下，从不同角度在读者心中塑造了一个令人尊敬的农民皮特·朗达尔的形象。所以它是连贯的，这种连贯性来自中心辐射型的认知参照点模式。在小说中，中心辐射型参照模式多用在人物的介绍中，作者通常首先会对人物是何种类型的人做出一个评价，然后再以该评价为中心列举相关事实。

第二种参照模式是套叠连锁型R-T-t联结型。在该参照模式中，参照点首先引出一个目标T，然后再由该目标T作为参照点引出下一个目标t，如此反复，就会形成一条参照链。在该小说中也有此类参照模式。如：

(29) The Randall ranch lay across the Salinas River, next to the foothill. It was an ideal balance of bottom and upland. Forty-five acres of rich level soil brought from the cream of the county by the river in old times and spread out as flat as a board; and eighty acres of gentle upland for hay and orchard. The white farmhouse was as neat and restrained as its owners. The immediate yard was fenced, and in the garden, under Emma's direction, Peter raised dahlias and immortelles, carnations and pinks. From the front porch one could look down over the flat to the river with its sheath of willows and cottonwoods, and across the river to the beet fields, and past the fields to the bulbous dome of the Salinas courthouse.

这段话首先介绍了饲养场，然后以它为参照点介绍了饲养场肥沃的土壤，之后介绍了饲养场中的果园和干草，接着作者介绍了整个农场、农场的栅栏，以及农场中种植的花。然后作者以农场的前廊为参照点引出杨柳和棉花树，之后是甜菜地，甜菜地随后又成为Salinas地区法院的参照点。由此上述参照链条可以表示如下：

饲养场 → 土壤 → 果园和干草 → 农场 → 栅栏

→ 花 → 前廊 → 杨柳和棉花树 → 甜菜地 → 法院

通过这一参照链，我们很快就可以对皮特·朗达尔的农场的布局以及该农场周围的环境有一个清楚的印象。另外，该链条遵循了由大到小、由中心到四周的叙述模式。首先它介绍了整个饲养场，然后再以饲养场为参照点——介绍饲养场内部的状况；在饲养场介绍完毕之后，作者又花费了一些笔墨来介绍了一下饲养场周围的环境，由此读者对饲养场内和其周围的环境都有了一个认识。值得注意的是，在环境的描述中，作者一般都会采用套叠连锁型的参照模式。这种模式把物体之间的空间关系描绘得比较清楚，有利于人们认识事件发生的环境。除了介绍环境，在描述事件发生的先后顺序时，作者也多采用套叠连锁型参照模式。如：

(30) He stood up and stripped off his coat and his shirt. Over his underwear there was a web harness that pulled his shoulders back. He unhooked the harness and threw it off. Then he dropped his trousers, disclosing a wide elastic belt. He shucked this off over his feet, and then he scratched his stomach luxuriously before he put on his clothes again.

此处描述的是在妻子死后，皮特是如何脱掉他身上穿戴的紧身甲的，可以表示如下：

外套和衬衣 → 内衣 → 紧身甲 → 裤子 → 皮带

这段话的描述依据了时间的先后顺序以及由外到里的顺序，首先皮特脱掉他的衣服，然后卸下紧身甲并扔掉，最后再穿上衣服。其实无论是空间描述还是时间描述，它们都是线性的，因此采用套叠型参照模式更贴切些。值得注意的是，小说的大部分都采用这种参照模式。我们知道，小说的最主要的功能是叙事，它需要向读者展现故事发生的情节，因此它很难在某个情节上停留太长的时间，否则故事的情节就无法推动，这可能也是小说这种语篇的特别之处。不同类型的语篇采用的参照模式不同，这取决于不同的写作目的。如议论文主要是为了说服读者相信某个观点或者执行某个行为，因此它需要论述该观点的正确合理之处，为达到该目的它可能更多的是采用中心辐射型参照模式，即首先提出某个观点，然后再从不同的角度围绕这个观点进行论述。

第三种参照模式为T=D联结型。在该类参照模式中，参照点R可能引出或激活一整个语义域，后文都将围绕着这一语义域展开。最为常见的T=D联结的参照模式是标题与正文之间的关系，标题通常具有画龙点睛的作用，作者一般用标题来传达文章的中心思想，由此文章标题就激活了整个语义域，正文往往以标题为中心来展开。但这种模式也不仅限于标题与正文的关系中，有时文章的主题句与后文的关系也可能如此。如：

（31）When the undertaker came, they had a devil of a time with Peter. He was half mad. He fought them when they tried to take the body away. It was only after

Ed Chappell and the undertaker held him down while the doctor stuck him with a hypodermic, that they were able to remove Emma.

这段话描述的是当皮特的妻子爱玛过世之后,他由于伤心而不愿意让其他人搬走爱玛的尸体的情景。本段的开头就点明抬尸体的人经历了重重困难才抬走爱玛。其实这句话就已经涵盖了后文的描述,也即它是整个语义域,后文只是列举式地描述这些人经历了何种具体的困难,这些描述都在第一句话所引出的语义域中。类似的例子再如:

(32) Something happened in the room. Both men looked up, trying to discover what it was. The room was somehow different than it had been a moment before. Then Peter smiled sheepishly. "It was that mantel clock stopped. I don't think I'll start it any more. I'll get a little quick alarm clock that ticks fast. That clack-clack-clack is too mournful." He swallowed his whisky. "I guess you'll be telling around that I'm crazy, won't you?"

本段的第一句话就点明了这段话的主要内容:屋内发生了一件事。后文则详细阐述了到底发生了何事,原来是壁炉上的钟坏掉了。这段话具有某种象征意义,其实钟是否坏掉与整个行文或故事情节都没有太大的关系,显然这是作者刻意添加的情节。我们知道,钟其实就代表着时间,钟坏了实际上就是在宣告某个时代的终结。随着他妻子的去世，皮特是很希望他被统治的时代终结的，所以他说自己不会再修理这个钟了，要换一个，这里表明他想换一种生活模式。但终究他没能成功转换生活模式，因为后文提到他还是把钟修好了，这说明他从心理上还是没能摆脱妻子的影响。总之通过上述讨论可以看到，在T=D联结型参照模式中，第一句话与后文其实是具有例示（instantiation）关系的，第一句话是对后文主要内容的概括，而后文的内容是对第一句话的具体表现。两者在真值意义上是等值的，只是抽象程度不同，由此它们内在就具有了一致性，形成连贯的语篇。综上可见，在该小说中，T=D联结型参照模式主要用于对某个主题进行详细阐述，让读者能够身临其境地体会到文中的情景。但值得注意的是，此处的T=D联结型从表面上看与前文的中心辐射型参照模式类似，但两者却是不同的。这种不同主要体现在在中心辐射型中，后文的论述内容不一定都属于同一个概念域，而在T=D联结型中，后文的内容都在T（即目标）的管辖范围之内。

第四种参照模式为DT多样型。在该类参照模式中，参照点是一整个域（D），当它被激活后，后文就会围绕该域中的任何相关事物展开叙述。如：

(33) If the year and the weather had been manufactured for sweet peas, they couldn't have been better. The fog lay close to the ground in the mornings when the vines were pulled. When the great piles of vines lay safely on spread canvases, the hot sun shone

down and crisped the pods for the threshers. The neighbors watched the long cotton sacks filling with round black seeds, and they went home and tried to figure out how much money Peter would make on his tremendous crop.

作者在这段话中采用的是DT参照模式。他首先在读者心中激活了整个概念域——天气（weather），即当年的天气非常适合豌豆的生长和收割，后文的论述内容完全就包含在这个域中。比如他讲到当收割豌豆时，清晨的雾接近地面，这使得它很容易收割；收割回去之后，正午的炙热的太阳又把豌豆荚晒得张开，里面的豆子顺势就出来了。不管是雾还是太阳都属于天气这个域中的要素，因此表面上它们是两种不同的事物，但在天气域的统领之下，这两者就具有了连贯性，可以形成一种呼应关系，从而使整个语篇看起来具有内部的一致性。再如：

（34）In the intervals between her illness, Emma saw to it that the house was kept up. The hinges of doors and cupboards were oiled, and no screws were gone from the catches. The furniture and woodwork were freshly varnished once a year. Repairs were usually made after Peter came home from his yearly business trips.

这段话的第一句之后的很多名词，比如the hinges,

screws，the furniture，the woodwork等都没有在前文提及过，但此处却用了定冠词来修饰它们。这在表面上看令人费解，感觉本段话缺乏常规意义上的连贯性。但实际上，正是DT参照模式的作用使得它们可以使用定冠词，从而具有语篇连贯性。在本段的第一句话中，就通过"Emma saw to it that the house was kept up"引出了整个概念域——修缮房屋。我们知道房子一般是由一些常规的事物组成：如门、橱柜等家具，这些家具上有铰链，这些铰链需要被经常打油以保持其灵活性，家具上的螺钉也需要拧紧，否则家具就可能散架；此外一些木质的家具需要擦拭以保持其光洁。上述行为都在修缮房屋这一概念域中，所以一旦此概念域在第一句话中被激活，其域中的相关内容也随之得到激活。因此，当后文提及该域中的一些要素时，就会直接使用定冠词。因为作者默认读者应该熟知该概念域，他没有必要再重新普及此概念域中的组成要素。这再一次印证了王寅[1]对语篇连贯的基本观点：语篇连贯实质上是一种心智上的连贯。因此对它的研究不能仅停留在表层语言，还应该深入心智中。DT多样型与T=D联结型也有类似之处，它们都是首先引出整个概念域，后文的内容都在该概念域的范围内。但是不同之处在于DT多样型中，后文不需要把整个概念域的内容都一一列举出来，它只需要陈述其中较为典型的部分即可；但T=D联结型中，后文的内容与T完全等值，也即后文需要穷尽T所涵盖的整个辖域。

---

1 王寅：《认知语言学与语篇连贯研究——八论语言的体验性：语篇连贯的认知基础》，载《外语研究》，2006（6）：6-12。

第五类参照模式为多重交叉型。有时,作者需要呈现的内容非常复杂,这使得单一的参照模式无法胜任,此时作者在写作的过程中可能同时运用好几种参照模式来呈现写作内容,这就产生了多重交叉型参照模式,该小说也采用了此类模式,如在介绍皮特的妻子时,作者就采用了多重交叉型参照模式:

(35) Concerning Peter's wife, Emma, people generally agreed that it was hard to see how such a little skin-and-bones woman could go on living, particularly when she was sick most of the time. She weighed eighty-seven pounds. At forty-five, her face was as wrinkled and brown as that of an old, old woman, but her dark eyes were feverish with a determination to live. She was a proud woman, who complained very little. Her father had been a thirty-third degree Mason and Worshipful Master of the Grand Lodge of California. Before he died he had taken a great deal of interest in Peter's Masonic career.

这段话首先表明皮特妻子的身体有多么虚弱,在一年中的大多数时间她都在生病。她的体重只有87磅,虽说只有45岁,但她的皮肤犹如一个老妇人一样多的皱纹,一样蜡黄。这部分内容作者采用的是中心辐射型参照模式,当提出一个论点(第一句话)之后,后文的内容都是为了支撑该内容而存在的。下面接着就使用了套叠连锁型参照模式来介绍她的性格：她极具决心，也非常骄傲，很少抱怨。接着作者再次使用套叠连锁型参照模式来介绍她的父亲，以及她的父亲生前所关注的事情。这段话通过中心辐射模式着重描述了爱玛的身体状况，为后文她的去世埋下了伏笔。作者用套叠连锁型介绍了其性格，读者由此可以窥见她对皮特的影响。

（36）Peter pruned his orchard in three days. He worked from first light until he couldn't see the twigs against the sky any more. Then he started to shape the big piece of river flat. He plowed and rolled and harrowed. Two strange men dressed in boots and riding breeches came out and looked at his land. They felt the dirt with their fingers and ran a posthole digger deep down under the surface, and when they went away they took little paper bags of the dirt with them.

此段描述的是皮特在妻子去世之后，他如何专注于农活的情形。作者在这里采用了两种参照模式：首先是T=D联结型参照模式。本段的第一句话就点明了参照目标"皮特在三天之内就把果园修整好了（Peter pruned his orchard in three days）"。后文的内容都是讨论他如何修整果园的，包括他如何起早贪黑地在果园中劳作，如何犁地、翻地、耙地等。其次，本段话还采用了套叠型参照模式。套叠型参照模式出现在T=D联结型模式之后，通过它，作者介绍了两个陌生人来到皮特的土地，如何考察土地的土壤，以及如何离开的。此时作者根据时间的先后顺序描述了这一连串的行为。这两种参照模式的作用是不同的。其中T=D联结型主要用于介绍皮特的行为,由于他是小说的主要人物,因此他的一举一动都是作者重点描述的对象,作者在此用T=D联结型参照模式细致地阐述了他是如何耕作的。而后面的套叠型则主要用于介绍其他人的行为,作者并没有详细地描述,只是挑选重点的行为来向读者描述皮特农场中的情形。总之,这两种模式虽说侧重点不同,但它们从不同的侧面描述了皮特的妻子死后农场上的状态。

值得注意的是,该小说中并没有王寅[1]文中所提到的"我他参照模式"。在此类模式中,说话人(或写作者)与听众(或读者)之间建立了直接的对话关系,因此说话人(写作者)在说话时会从听众的角度出发来组织自己的话语。比如王寅文中所提到的导游在向游客介绍景区时就经常采取这种策略,我们经常会听到导游说"请大家看你们的右边,这是一个……"这样的句型,这就是典型的我他参照模式,即以听话人为参照点来认识世界。我们认为在小说中很难存在我他参照模式。虽然小说是写给读者看的,但作者通常不会采取与读者直接对话的写作模式。在文本的表层结构中,作者并没有把读者的存在考虑进去,所以我他参照模式在小说中是基本不存在的。

不同的参照模式在文中所起的作用是不同的。从上文的分析可以发现,中心辐射型和T=D联结型的功能主要在于就某一主题展开详细论述,它们之间的区别在于中心辐射型

1　王寅:《修补的认知参照点原则与语篇建构机制》,载《外语与外语教学》,2011(2):6-10。

中，后文的论述不一定需要同处一个概念域中，而T=D联结型中，后文的论述必须在T这个概念域的管辖范围之内。这两种模式都可以对某个人或事物做出深入描述，从而加深人们对该事物的了解。DT多样型与上述两类参照模式有相似的地方，它们都是围绕着某一种主体进行详细说明。但与T=D联结型不同的是，在DT多样型中，当概念域被激活后，后文的论述可能只是列举式地说明概念域中的某一个或某几个事物，它并不像T=D联结型那样要涵盖整个概念域的内容。所以DT多样型虽说也可以介绍某概念域的内容，但其精细程度远不及中心辐射型和T=D多样型。套叠连锁型中，参照点和目标之间不停变换，它的这种动态性有利于帮助作者介绍一个复杂的事物以及推动剧情的发展；前面几种参照模式都相对单一，而多重交叉型参照模式就打破了各种参照模式的界线，利用多种参照模式来实现自己的目的。所以多重交叉型参照模式具有多重功能，既可以在需要的时候就某个主题进行详细阐述，也可以不停地变换参照点和目标来推动情节的展开。

不同的参照模式的功能的不同导致它们在该小说中所占的比重也不同，在上述五类参照模式中，小说使用最多的是套叠连锁型参照模式，而其他类型的参照模式都相对较少。这是因为小说这类语篇主要是以叙事为主，所以它需要向读者展示故事情节是如何开展的，不宜在某个人或事上做过多的停留。而在上述众多的参照模式中，唯有套叠连锁型参照模式最注重情节的推进，这与小说的叙事功能不谋而合，所以此类参照模式在文中所占份额较大也是合理的。此外，在实现叙事功能时，作者不能过于平铺直叙，否则读者的好奇心不能被激发，此时作者就有可能采取T=D联结型参照模式，先提出一个抽象的概念，这就可能引发读者继续往下读的兴趣，整个阅读活动的趣味性也更大，这种参照模式也可以在某种程度上增强故事的艺术性。所以小说中也穿插运用了一些T=D联结型参照模式。虽说叙事功能是小说最主要的功能，但小说也有其他次要的功能，否则整个故事读来就过于单调，谈不上艺术性。因此，为了使故事成为艺术品，作者必然还需要加上一些其他功能，比如人物的塑造和抒情等。作者在塑造人物时，尤其是文中的主要人物时，必然要从各个方面对其进行介绍，让读者加深对人物的了解，此时就需要用上中心辐射型参照模式。小说《紧身甲》中的中心辐射型参照模式也主要用于人物的塑造上。

通过上述讨论可以发现，在小说语篇中，套叠连锁型是最重要的参照模式，但由于小说功能的多样性和复杂性，作者势必掺杂其他参照模式。这说明不同类型的语篇的参照模式有所不同，这种不同主要源自语篇功能的差异，它可能主要体现在不同参照模式在文中所占的比例不同。比如议论文的主要参照模式可能就是中心辐射型，因为它主要的功能在于立论，向读者证明某种观点的正确性，这就需要它从各个角度来论述。当然议论文中也可能有叙事的需要，此时它就需要采用套叠连锁型的参照模式。而说明文的主要功能在于向读者说明某个事物的属性或某个事件的程序，这就需要它较多地采用T=D联结型参照模式，首先从宏观上说明某个事物的属性或事件的程序，然后依次阐述。总之，不同的文学体裁采用的主要参照模式不同，这与不同体裁的文学功能相关。

第四节 结语

在研究了词汇以及句法层面之后,本章把隐喻、象似性原则以及认知参照点的解释范围扩展至语篇层面。第一节首先回顾了语言学视角下的语篇研究,发现已有的研究无法对语篇的连贯性做出充分解释,因此引入认知语言学这一视角,并初步展示了认知语言学视角下语篇研究的可行性和必要性。第二节用隐喻分析了20世纪美国著名作家田纳西·威廉斯(Tennessee Williams)的短篇小说《一个小提琴匣子和棺材的相似之处》中隐喻的语篇组织作用,发现小说中的结构隐喻"时间就是空间(TIME IS SPACE)"被用来说明姐妹之间由于年龄的差异而产生的心理隔阂。这种隐喻不是零星的,而是具有系统性的。除了结构隐喻,小说还运用了本体隐喻来说明一些抽象的事物,如情绪、爱慕等。这表明,隐喻的作用并非局限在词汇或句法层面,隐喻在组织语篇上发挥着巨大的作用。第三节考察了美国经典小说《了不起的盖茨比》中的象似性,指出该小说中主要采用了数量象似性、顺序象似性、标记象似性以及距离象似性。不同的象似性在主题的建构方面起着不同的作用。其中,时间象似性主要用来推动小说的情节;数量象似性用于塑造人物;标记象似性用于强调事物的重要性,引起读者的注意;距离象似性则主要用于对某个事物和观点的详细阐释中。除了本节中的象似性,在第二章第三节中我们还考察了该小说在词汇层面的象似性,发现词汇象似性也可以用于人物形象的塑造中,它可以揭示人的性格、情绪、心态、教育、修养等重要信息。本章的第三节则考察了著名作家约翰·斯坦贝克(John

Steinbeck）的小说《紧身甲》中的认知参照模式，发现该小说主要运用了如下参照模式：中心辐射型、套叠连锁型、T=D联结型、DT多样型、多重交叉型。不同的参照模式在文中的作用不同，其中中心辐射型与T=D联结型的功能在于向读者阐明某一重要概念；两者的区别在于后文的论述是否必须在同一概念域中。DT多样型也是用于解释概念，但它主要是列举式地说明，其精细程度不如前两个参照模式。套叠连锁型主要用于推动剧情的发展，而多重交叉型则综合使用了上述参照模式。在上述模式中，使用最多的是套叠连锁型参照模式。这主要是因为小说这类语篇主要是以叙事为主，所以它需要向读者展示故事情节是如何开展的，不宜在某个人或事上做过多的停留。

第五章

结　语

语言的本质究竟为何物？各语言层面之间是否有相通之处？这是每个语言学派在开展具体研究前都要回答的问题，因为问题的答案即为每个学派基本的语言观，它将为后续的研究指明方向，这一出发点的不同就注定了不同学派研究侧重点的差异。为解释人的语言能力先于其他认知能力获得发展这一现象，生成语法的创始人乔姆斯基认为人的大脑中必定存在一个主管人的语言能力的区域，最初他把这一假定存在的领域称为语言习得机制（Language Acquiring Device），后来又修改为普遍语法（Universal Grammar）以示其普遍存在的特征，认为这才是语言的本质，语言学家的主要任务就是研究普遍语法的特征。生成语法学家把语言分为两个层面，分别是语言能力（competence）和语言表现（performance）。其中语言能力即为说话人潜意识中对如何言说某种语言的相关知识，由普遍语法决定；语言表现即为说话人在现实世界中输出的语言，受一些非语言因素（比如心理和生理等）的影响。因此，语言表现与语言能力之间存在着一定的偏差。语言学家应该研究语言能力而非语言表现，因为语言能力是直接受语言的本质影响的，而语言表现掺杂了一些非语言本质的事物，不值得研究。生成语法学者对语言的上述基本看法导致他们不注重对现实语言的研究，而强调对理想化的语言的研究。他们认为理想化的语言才是直接受普遍语法影响的纯而又纯的语言现象，这导致他们在研究时多采用内省的办法，通过研究者的语感测试句子的合法性（well-formedness）。既然人的大脑中有专门负责语言的区域，并且这块区域主要负责句法层面，那很自然，语言的其他层面则由其他区域负责，因此生成语言学又得出语言是呈模块分布的这一观点，进而提出要通过不同的机制来解释语言的不同层面。同时，既然普遍语法主要管辖句法层面，因此生成语法的研究范围也主要在句法领域，语言的其他方面则被认为是不重要的，不值得研究。通过上述分析可见，生成语法的研究方法和研究内容都是由其基本语言观"天赋说"决定的。

但认知语言学与生成语法的语言观迥异，这就决定了其出发点及研究的侧重点与生成语法也大相径庭。首先，认知语言学认为语言能力受一般的认知方式的影响，语言知识与非语言知识并无本质的区分，两者相互作用，相互影响。据此认知语言学发展出了语义百科观（meaning is encyclopedic in nature），认为语用与语义之间并无截然的差别，人们在解读语言表达式时不会只拘泥于语义意义（semantic meaning），而是会综合运用与语言表达式相关的百科知识，这就取消了语用学与语义学之间的界限。上述观点使得认知语言学强调要通过非语言因素（比如认知模式、心理因素等）来研究语言，而不像生成语法那样仅研究"纯而又纯"的语言现象。但认知却不是镜像地反映客观世界，它有自己的特点，语言世界与客观世界不完全一致，我们要通过已有的认知方式来解释语言的基本特点。另外，认知语言学研究的另一任务就是通过语言这一认知产物回溯认识人的认知特点，因此认知语言学十分注重对语言现实的研究。其次，认知语言学提出各语言层面并无本质的差别，它们只在抽象程度、规约化程度、固化程度以及复杂程度上有所不同，实质上都是由有限的几种认知方式决定产生的，完全可以通过相同的认知方式得到解释。这就使得认知语言学在研究时更强调打通语言的不同层面（如词汇、句法、语篇等），糅合语言的各个要素（如语义、语用、句法等），对语言进行多方位的解释。本书正是以认知语言学的基本假设为出发点，择取认知语言学中的三类认知模式（分别是隐喻、认知参照点和象似性原则），考察了不同复杂度的语言单位之间是否可由上述三类模式来解释。结果发现，词汇、句法和语篇现象都可以通过隐喻、认知参照点和象似性原则获得统一解释，这一方面佐证了认知语言学的词汇、句法和语篇呈连续体的观点，另一方面也部分兑现了认知语言学的通过有限的几种认知模式对语言做出概括性解释的承诺。下面我们将回顾本研究的主要内容。

在第一章中，我们回顾了本书所使用的四类理论工具：连续体、隐喻、认知参照点以及象似性原则。我们论述了连续体思想，该思想主要由认知语言学的根本语言观"语言由一般的认知方式决定"衍变而来。这就意味着语言知识与非语言知识并无明确的边界，进而推出语言的各个层面（包括词汇、句法和语篇）与语言的不同方面（语用、语义和句法）之间也无明确的不同的观点。因此，在研究时就没有必要对各个语言层面进行单独研究，完全可以用统一的视角研究不同的语言现象，从而简化理论工具，在真正意义上实现乔姆斯基所说的"最简方案（The Minimalist

Program）"。在认知语言学中，语言的各层面主要从四个维度呈连续体分布，分别是复杂度（complexity）、规约度（conventionalization）、固化度（entrenchment）和抽象度（schematicity）。本书主要从语言单位复杂度（complexity）的角度论述了词汇—句法—语篇这一连续体存在的基础，发现这三者本质上都是象征单位，都是形式与意义的配对体，只是复杂程度不同。因此我们完全可以用统一的认知框架来分析这三个语言层面，这为后文利用相同的认知模式来分析这三个层次的语言现象奠定了基础。然后我们回顾了对三类认知模式的已有研究，分别是概念隐喻、认知参照点与象似性原则。它们在认知语言学中都被视为一种思维模式。其中概念隐喻是人的认知通过一个概念来理解另一个概念的认知操作。隐喻的产生和作用并非随意的，具有系统性和体验性。首先，它必须以人的认知体验为基础，源域与目标域之间必须符合一致性原则（The Invariance Principle）；此外，隐喻也并非零星式的，而是非常系统的概念映射，它普遍地存在于我们的思维层面，语言层面的隐喻表达是隐喻思维作用的结果。概念隐喻的研究打破了西方客观主义（objectivism）的迷思，让人们深刻地意识到人的认知并非切实地反映客观现实，语言（尤其是语义）的研究不能只从客观事实出发，更应考虑人的认知特征。认知参照点是通过概念域中的一个概念来激活另一个概念的认知模式，它既可以作用于语言的横向组合层面，也可以作用于语言的纵向聚合层面。其中横向组合层面主要表现为句子之间的参照关系；纵向聚合层面则主要表现为词汇之间的替代作用，文献中称为转喻。我们还重点回顾了对转喻的分类，主要分为整体与部分以及部分与部分之间的转喻。认知参照点也是一种无处不在的能力，但由于它主要在潜意识层面发挥作用，因此在多数情况下人们并未意识到其重要性。认知参照点的存在也是有体验基础的，即人们总是通过较为突显的事物来认识不突显的事物。象似性原则指语言的表现形式与人的认知特点具有象似性，这也是基于认知语言学的基本原则"现实——认知——语言"提出来的，由于语言受认知模式的决定，那么它自然地也就象似于认知模式。目前学界研究得较多的有数量象似性、距离象似性和顺序象似性。除此之外，学者们也提出了对称象似性、标记象似性、话题象似性、语义场象似性、范畴象似性等不同的种类。这些象似性都在某种程度上反映了语言与人的认知特点的对应性。目前对象似性的研究尚缺乏统一的标准，因此上述分类较为混乱，有很多相互重合的地方，但这也可能刚好反映了象似性在语言的多个层面都有影响的事实。

第二章通过隐喻、认知参照点以及象似性来解释词汇层面的语法现象。首先，我们通过隐喻考察了英语介词above的语义拓展，发现该词的空间义经过隐喻映射之后可以用来理解速度、数量、音量、时间（包括年龄）、能力、标准（standard）以及权力等抽象概念。但这些投射也并非随意的，而是建立在源域与目标域之间具有语义一致的基础之上的，这种一致性则源自于人们的体验。其次，我们还考察了汉语流行语"山寨"的词义以及词性的变化，发现上述变化都离不开人的转喻思维。"山寨"一词最初表示地点，但由于它常与"反抗政府和主流的组织"联系在一起，其语义也从地点义向组织义转变。这种转变是以转喻为基础的。凭借着组织义，它在现代汉语中又被借用于描述非主流的电子产品、产品属性以及生产这些产品的行为，这种语义转变也是转喻作用的结果。语义的转变使得其语法表现也发生了变化，它从最初的只能充当句子的主语和宾语演变为可以充当定语、谓语。综上可见，这一切都离不开转喻思维。本章的最后一节则分析了美国经典小说《了不起的盖茨比》中词汇所体现的声音象似性，发现词汇的语义和形式之间并非索绪尔所声称的那样完全是任意的关系，两者具有声音象似性，即声音可以传递意义。分析显示，该小说中词汇的语音可以传递的信息包括情绪、态度、性格、程度、教育背景以及个人修养等。除了在词汇层面，声音象似性对语篇的连贯性也具有重要的作用。总之，本章研究表明，隐喻、认知参照点是词汇意义以及词性的变化的根本原因，词汇的语音与其意义之间具有声音象似性。

第三章则把上述三个认知模式的作用推及句法层面。但本章的研究对象只有一个，即汉语新构式"N被X"，我们认为这一构式的不同侧面体现了上述三个认知模式的作用。首先，该类构式的语法形式偏离了传统的被字句这一常规形式，形式上的偏离使得其传递的语义具有标记性，该结构所表达的"宣称义"和"迫使义"不能从传统的被字句中预测得出，其意义具有不可预测性，从这个角度上看，该构式遵循着标记象似性，即有标记的形式对应着不可预测的意义。其次，我们还考察了该结构的生成机制，发现"N被X"之所以产生是因为其中的X可以在人们心中激活一个完整的事件，即高阶事件转喻。已有研究多集中考察一个词汇激活另一个词汇的转喻模式，无法涵盖此处的一个词汇激活一个事件的转喻模式。鉴于此，本书在高阶转喻（high level metonymy）的基础上提出了高阶事件转喻。顾名思义，该类转喻发生在事件层面，而非词汇层面，并且它对语法结构具有重要影响。调查也显示并非所有的语义角色都可以充任X，事件中的结果、工具、方式、目的四类语义角色才能执行此任务，因为上述四类角色在事件中最为突显，并且它们都与事件之间具有程度不一的因果联系，因此它们才能激活整个事件，也才能在句法层面接受新兴被字句的压制。换句话说，我们认为高阶事件转喻是构式"N被X"压制成分X的认知前提，通过压制后X激活事件解读（interpretation），从而使得它与整个构式的语义矛盾得到消解，整个构式成为一个合法的语言表达式。值得注意的是，新兴被字句的一个子类必须在高阶事件转喻的基础上引入隐喻的概念才能获得圆满的解释，因为它涉及一个事件对另一个事件的跨域操作。此类语言现象表明，隐喻和转喻之间的界限是模糊不清的，两者也是呈连续体分布。因此，本书对新兴被字句的语义、句法特征做出了说明，并解释了该构式的认知机制，发现该类构式主要由标记象似性、高阶事件转喻以及隐喻共同作用而成。

第四章用隐喻、象似性和认知参照点考察了对20世纪美国经典小说中的语篇连贯性所起的作用。在回顾前人对语篇研究的基础上我们重点指出，语篇研究离不开认知语言学，因为语篇的连贯性实质上是认知的连贯性。本章主要试图解释隐喻、象似性以及认知参照点三类认知模式在小说类语篇层面的作用情况。首先，我们考察了美国小说家田纳西·威廉姆斯的短篇小说《一个小提琴匣子和棺材的相似之处》中隐喻对语篇的组织建构作用。该小说花大量篇幅展现了两姐妹因为年龄的差异而存在的心理鸿沟。在此作者主要采用了结构隐喻"时间即空间（TIME IS SPACE）"，通过把空间概念映射到时间概念，作者向读者生动地表明处于不同年龄的人即为处于不同空间距离的人。我们知道不同的空间给人以不同的体验和认知，这就会让处在不同空间的人很难彼此理解，空间上的不同造成的人们之间的隔阂被用来说明不同年龄的人之间的隔阂。很难想象若没有这些隐喻，该语篇将如何取得连贯性。此外，小说中的连贯性也离不开象似性原则，调查显示，在《了不起的盖茨比》一书中主要涉及时间象似性、数量象似性、距离象似性、标记象似性、声音象似性，不同的象似性的作用是不同的。其中，时间象似性主要用于小说情节的叙述；数量象似性多用于表达事物的重要性，所以它主要用在塑造人物的过程中；距离象似性用于对某个概念的详细阐释；标记象似性的主要功能为强调。最后，我们还分析了约翰·斯坦贝克的小说《紧身甲》中的认知参照模式，发现在小说中主要用到了中心辐射型、套叠连锁型、T=D联结型、DT多样型和多重交叉型参照模式，不同的参照模式在小说中发挥的作用不同，这也就直接决定了它们在小说文本中比例的不同。其中，套叠连锁型参照模式最多，因为小说最主要的功能是叙事，而该类参照模式更利于情节的推动。总之，本章的研究表明，这三类认知模式都有组织语篇的能力，没有它们的作用，语篇就不能取得连贯性。

  本书基于认知语言学的三类认知模式考察了词汇、句法和语篇层面的语言现象，结果表明，这三个层面的语言现象的一些特点都可以在上述三类认知模式中得到统一解释。这向我们昭示不同语言层面的语言现象之间并无质的区别，完全可以在相同的认知框架内获得解释。本书的结论一方面佐证了认知语言学的语言呈连续体的基本观点，另一方面也部分兑现了认知语言学的概括性承诺。

参考文献

曹大为，2009. 被字新用法解读. 现代语文（11）：145-146.

陈平，1994. 试论汉语中三种句子成分与语义成分的配位原则. 中国语文（3）：161-168.

陈文博，2010. 汉语新型"被+X"结构的语义认知解读. 当代修辞学（4）：80-87.

程豪杰，宋杉珊，2009. 小议新兴"被X"格式. 语文建设（11）：64-65.

程琪龙，2001. 认知语言学概论：语言的神经认知基础. 北京：外语教学与研究出版社.

邓思颖，2004. 作格化与汉语被动句. 中国语文（4）：291-301.

杜金榜，2008. 试论语篇分析的理论与方法. 外语学刊（1）：92-98.

范晓，2006. 被字句谓语动词的语义特征. 长江学术（2）：79-89.

冯燕，2004. 学生实用古汉语词典. 北京：人民日报出版社.

付开平，彭吉军，2009. "被XX"考察. 郧阳师范高等专科学校学报（10）：53-56.

高航，2010. 参照点结构中名词化得认知语法研究. 汉语学习（3）：17-27.

桂诗春，1995. 从"这个地方很郊区"谈起. 语言文字应用

（3）：24-28.

胡壮麟，1994.语言的衔接与连贯.上海：上海外语教育出版社.

黄国文，1988.语篇分析概要.长沙：湖南教育出版社.

靳开宇，2010."被+XX"式词语结构模式分析.长春大学学报（7）：48-50.

蓝纯，2011.从认知诗学的角度解读唐诗宋词.外国语文（1）：39-43.

李福印，2008.认知语言学概论.北京：北京大学出版社.

李赋宁，1991.英语史.北京：商务印书馆.

李姗，1994.现代汉语被字句.北京：北京大学出版社.

李勇忠，2004.语法转喻的认知阐释.上海：复旦大学.

李宇明，2002.语法研究录.北京：商务印书馆.

梁吉平，陈丽，2008.释"山寨".语文建设（10）：52-54.

刘斐，赵军，2009.被时代的被组合.修辞学习（5）：74-81.

刘宁生，1995.汉语偏正结构的认知基础及其在语序类型学上的意义.中国语文（2）：1-89.

刘叔新，1993.刘叔新自选集.郑州：河南教育出版社.

刘玉梅，2010.基于多重传压的现代汉语新词语构式研究.成都：四川大学.

刘云，2009.新兴的被X词族探微.华中师范大学学报（5）：102-106.

卢卫中，路云，2006.语篇衔接与连贯的认知机制.外语教学（1）：13-18.

罗琳，刘家荣，2005.介词的语义扩展.重庆交通学院学报（2）：101-104.

马静，张福元，2000.语言的象似性探讨.外语教学（1）：10-

14.

牛保义, 2006. 自主/依存联结: 英语轭式搭配的认知研究. 四川外语学院学报 (2): 1-6.

潘海华, 1997. 词汇映射理论在汉语句法研究中的应用. 现代外语 (4): 1-13.

钱冠连, 2002. 语言全息论. 北京: 商务印书馆.

邵敬敏, 2003. 汉语语法专题研究. 桂林: 广西师范大学出版社.

沈家煊, 1999. 不对称和标记论. 南昌: 江西教育出版社.

沈家煊, 王冬梅, 2000. "N的V"和"参照—目标"构式. 世界汉语教学 (4): 25-32.

石毓智, 2006. 语法的概念基础. 上海: 上海外语教育出版社.

索绪尔, 1916. 普通语言学教程. 高名凯, 译. 北京: 商务印书馆.

王琳, 2009. "山寨"的语义演变分析. 现代语文 (2): 140-141.

王灿龙, 2009. "被"字的另类用法. 语文建设 (4): 65-66.

王开文, 2010. 表示反讽的非及物动词被字结构. 语言教学与研究 (2): 77-83.

王力, 1985. 中国现代语法. 北京: 商务印书馆.

王寅, 1998. 标记象似性. 外语学刊 (3): 51-56.

王寅, 1998. 从话题象似性角度谈英汉句型对比. 山东工业大学学报 (社会科学版) (2): 88-90.

王寅, 1999. Iconicity的译名与定义. 中国翻译 (2): 48-50.

王寅, 1999. 论语言符号的象似性. 外语与外语教学 (5): 4-7.

王寅, 2003. 认知语言学与语篇分析. 外语教学与研究 (2):

83-88.

王寅, 2005. 认知参照点与语篇连贯. 中国外语（6）: 17-22.

王寅, 2005. 语篇连贯的认知世界分析方法. 外语学刊（4）: 16-23.

王寅, 2006. 认知语法概论. 上海: 上海外语教育出版社.

王寅, 2006. 认知语言学与语篇连贯研究——八论语言的体验性: 语篇连贯的认知基础. 外语研究（6）: 6-12.

王寅, 2007. 认知语言学. 上海: 上海外语教育出版社.

王寅, 2011. 构式语法研究. 上海: 上海外语教育出版社.

王寅, 2011. 修补的认知参照点原则与语篇建构机制. 外语与外语教学（2）: 6-10.

魏在江, 2006. 隐喻的语篇功能: 兼论语篇分析语认知语言学的界面研究. 外语教学（5）: 10-15.

吴庚堂, 1999. "被"字的特征与转换. 当代语言学（4）: 25-37.

邢福义, 1991. 现代汉语. 北京: 高等教育出版社.

熊学亮, 王志军, 2002. 被动句式的原型研究. 外语研究（1）: 19-23.

严辰松, 2010. 语言使用建构语言知识: 基于使用的语言观概述. 解放军外国语学院学报（6）: 1-8.

张伯江, 1995. 词语活用的功能解释. 中国语文（5）: 339-346.

张伯江, 2001. 被字句和把字句的对称和不对称. 中国语文, 285（6）: 519-524.

张德禄, 刘汝山, 2003. 语篇连贯与衔接理论的发展及应用. 上海: 上海外语教育出版社.

张敏, 1997. 从类型学和认知语法的角度看汉语重叠现象. 外国语言学（2）: 37-45.

张敏, 1998. 认知语言学与汉语名词短语. 北京: 中国社会科学出版社.

张韧, 2012. 参照点处理对概念内容的限制: "有字句"的证据. 外国语（3）: 2-12.

张谊生, 2003. 助词"被"的使用条件和表义功用——兼论"被"的虚化轨迹 // 洪波, 吴福祥. 语法化与语法研究. 北京: 商务印书馆.

赵艳芳, 2001. 认知语言学概论. 上海: 上海外语教育出版社.

赵永峰, 2013. 基于RAB的现代汉语动前构式合动谓构式的认知研究. 成都: 四川大学.

赵元任, 1979. 汉语口语语法. 北京: 商务印书馆.

周统权, 2003. "上"与"下"不对称的认知研究. 语言科学（1）: 39-49.

周卫华, 蔡忠玲, 2009. 热议"被＋XX"结构. 现代语文（10）: 138-139.

朱德熙, 2000. 语法讲义. 北京: 商务印书馆.

朱永生, 苗兴伟, 2001. 语用预设的语篇功能. 外国语（3）: 25-30.

祖人植, 1997. "被"字句表义特性分析. 汉语学习（3）: 47-51.

BARCELONA A, 2000. Introduction: The Cognitive Theory of Metaphor and Metonymy. In Antonio Barcelona, *Metaphor and Metonymy at the Crossroads*. Berlin/New York: Mouton de Gruyter.

BERLIN B & KAY P, 1969. *Basic Color Terms*. Berkeley and Los Angeles: University of California Press.

BYBEE J L, 1985. *Morphology: A Study of the Relation between Meaning and Form*. Amsterdam: John Benjamins.

CLARK H H, 1973. Space, Time, Semantics and the Child. In T. E. Moore, *Cognitive Development and the Acquisition of Language*. New York: Acadamic Press.

COMRIE B, 1980. *Language Typology and Linguistic Universals*. Chicago: University of Chicago.

CROFT W, 1993. The Role of Domains in the Interpretations of Metaphors and Metonymies. *Cognitive Linguistics* (4): 335-370.

DIJK T V, 1972. *Some Aspects of Text Grammar*. The Hague: Mouton.

DOTTER F. Nonarbitrariness and Iconicity: Coding Possibilities. In LANDSBERG, *Syntactic Iconicity and Linguistic Freezes: The Human Dimension*. Berlin: Mouton de Gruyter.

EVANS V & GREEN M, 2006. *Cognitive Linguistics: An Introduction*. Edinburgh: Edinburgh University Press.

FAUCONNIER G & MARK T, 2003. *The Way We Think: Conceptual Blending and the Minds Hidden Complexities*. New York: Basic Books.

FILLMORE C, 1968. The Case for Case. In BACH E & HARMS R, *Universals in Linguistic Theory*. New York: Holt, Rinehart & Winston.

GIVON T, 1994. Isomorphism in the Grammatical Code-cognitive and Biological Considerations. In SIMONE R, *Iconicity in*

Language. Amesterdam: John Benjamins Publishing Company: 47-76.

GOLDBERG A E, 1995. *Constructions: A Construction Grammar Approach to Argument Structure*. Chicago & London: The University of Chicago Press.

GOLDBERG A E, 2006. *Constructions at Work*. Oxford: Oxford University Press.

GOLDBERG A E, 2003. Constructions: A New Theoretical Approach to Language. *Journal of Foreign Language* (3): 1-10.

GOOSSENS L, 1990. Metaphtonmy: The Interaction of Metaphor and Metonymy in Expression for Linguistic Action. *Cognitive Linguistics* (3): 323-340.

GREENBERG J H, 1966. Some Universals of Grammar with Particular Reference to the Order of Meaningful Elements. In GREENBERG J H, *Universals of Language*. Second Edition. Cambridge, Mass.: MIT Press.

GREENBERG J H, 1963. *Universals of Language*. Cambridge: The MIT Press.

GRICE H P, 1975. Logic and Conversation. In COLE P & MORGAN J L, *Syntax and Semantics 3: Speech Acts*. New York: Academic Press: 41-58.

HAIMAN J, 1983. Iconic and Economic Motivation. *Language* (59): 781-819.

HAIMAN J, 1985. *Natural Syntax: Iconicity and Erosion*. Cambridge: Cambridge University Press.

HALLIDAY M A K & HASAN R, 1976. *Cohesion in English*.

London: Longman.

HARRIS Z S, 1952. Discourse Analysis. *Language* (28): 1-30.

HARRIS Z S, 1952. Discourse Analysis: A Sample Text. *Language* (28): 474-494.

HENGEVELD K, 1992. *Non-verbal Predication: Theory Typology Diachrony (Functional Grammar Series 15)*. Berlin: Mouton de Gruyter.

HENGEVELD K, RIJKHOFF J & SIEWIERSKA A, 2004. Part-of-speech Systems and Word Order. *Journal of Linguistics* (40): 527-570.

HIRAGA M K, 1994. Diagrams and Metaphors: Iconic Aspects in Language. *Journal of Pragmatics* (22): 5-21.

JOHNSON M, 1987. *The Body in the Mind: The Bodily Basis of Meaning, Imagination, and Reason*. Chicago: The University of Chicago Press.

KöVECSES Z & RADDEN G, 1999. Towards a Theory of Metonymy. In PANTHER K & RADDEN G, *Metonymy in Language and Thought*. Amsterdam/ Philadelphia: Benjamins.

KUMASHIRON T & LANGACKER R W, 2003. Double-subject and Complex-predicate Constructions. *Cognitive Linguistics*, 14.

LAKOFF G & TURNER M, 1989. *More Than Cool Reasons: A Field of Guide to Poetic Metaphor*. Chicago and London: The University of Chicago Press.

LAKOFF G, 1987. *Women, Fire and Dangerous Things*. Chicago: The University of Chicago Press.

LAKOFF G, 1993. The Contemporary Theory of Metaphor. In

ORTONY A, *Metaphor and Thought*. 2nd edn, Cambridge: Cambridge University Press.

LAKOFF G & JOHNSON M, 1980. *Metaphors We Live By*. Chicago: The University of Chicago Press.

LANGACKER R W, 2002. *Concept, Image and Symbol: The Cognitive Basis of Grammar*. Berlin: Mouton de Gruyter.

LANGACKER R W, 2003. Construction Grammars: Cognitive, Radical and Less So. Paper presented at the International Cognitive Linguistic Conference, Logrono.

LANGACKER R W, 1987. *Foundations of Cognitive Grammar: Theoretical Prerequisites*. Vol. 1. Stanford: Stanford University Press.

LANGACKER R W, 1991. *Foundations of Cognitive Grammar, Descriptive Application*. Vol. II. Stanford: Stanford University Press.

LANGACKER R W, 1993. *Reference-point Construction*. Cognitive Linguistics (4): 1-38.

LANGACKER R W, 1999. *Grammar and Conceptualization*. Berlin/New York: Mouton de Gruyter.

LANGACKER R W, 2008. *Cognitive Grammar: A Basic Introduction*. New York: Oxford University Press.

MARTTEW P H, 1991. *Morphology*. Cambridge: Cambridge University Press.

MCCARTHY M, 1991. *Discourse Analysis for Language Teachers*. Cambridge: Cambridge University Press.

MCCAWLEY J, 1968. Lexical Insertion in a Transformational

Grammar Without Deep Structure. Proceedings of the Chicago Linguistic Society, 4.

MICHAELIS L, 2003. Headless Constructions and Coercion by Construction. In FRANCIS E J & LAURA A M, *Mismatch: Form-Function Incongruity and the Architecture of Grammar*. Stanford: CSLI Publications.

MICHAELIS L, 2004. Type Shifting in Construction Grammar: An Integrated Approach to Aspectual Coercion. *Cognitive Linguistics*, 15(1): 1-67.

NERLICH B, 1992. *Semantic Theories in Europe 1830-1930: From Etymology to Contextuality*. Amsterdam, Philadelphia: John Benjamins Publishing Company.

NING Y, 1998. *The Contemporary Theory of Metaphor: A Perspective from Chinese*. Amsterdam/Philadelphia: John Benjamins Publishing Company.

NING Y, 2003. Metaphor, Body, and Culture: The Chinese Understanding of Gallbladder and Courage. *Metaphor and Symbol* (18): 13-31.

PANTHER K U & THORBURG L L, 1999. The POTENTIALITY FOR ACTUALITY Metonymy in English and in Hungarian. In PANTHER K & RADDEN G, *Metonymy in Language and Thought*. Amsterdam/Philadelphia: Benjamins.

PANTHER K U & THORNBURG L L, 2000. The EFFECT FOR CAUSE Metonymy in English Grammar. In ANTONIO B, *Metaphor and Metonymy at the Crossroads*. Berlin/New York: Mouton de Gruyter.

PANTHER K U & THORNBURG L L, 1998. A Cognitive Approach to Inferencing in Conversation. *Journal of Pragmatics* (30): 755-769.

PEIRCE C S, 1940. *The Philosophy of Peirce*. New York: Harcourt, Brace.

PEIRCE C S, PAUL W & CHARLES H, 1932. *Collected Papers of Charles Sanders Peirce (2): Principle of Philosophy*. Cambridge, Mass: Harvard University Press.

RADDEN G, 2002. How Metonymic are Metaphors?. In DIRVEN R & PERINGS R, *Metaphor and Metonymy in Comparison and Contrast*. Berlin/New York: Mouton de Gruyter.

RADDEN G & KOVECSES Z. Toward a Theory of Metonymy. In PANTHER K U & RADDEN G, *Metonymy in Language and Thought*. Amsterdam/Philadelphia: John Benjamins.

REDDY M, 1979. The Conduit Metaphor: A Case of Frame Conflict in Our Language about Language. In ORTONY A. *Metaphor and Thought*. Cambridge: Cambridge University Press.

ROSCH E, 1975. Cognitive Reference Points. *Cognitive Psychology* (4): 532-547.

MENDOZA R D, OLGA V, 2001. High-level Metonymy and Linguistic Structure Sincronna (Autumn). [2017-01-12]. http://www.ccla2006.com/news.asp?newsid=372.

MENDOZA R D, PéREZ H L, 2001. Metonymy and the Grammar: Motivation, Constraints and Interaction. *Language & Communication* (4): 321-357.

TAI J, 1985. Temporal Sequence and Chinese Word Order. In

HAIMAN J, *Iconicity in Syntax*. Amesterdam/Philadelphia: John Benjamins Publication Company.

TALMY L, 2000. *Toward a Cognitive Semantics (Volume I) (Concept Structuring Systems)*. Cambridge, MA: MIT Press.

TAYLOR J R, 2002. *Cognitive Grammar*. Oxford: Oxford University Press.

TAYLOR J R, 2001. *Linguistic Categorization: Prototypes in Linguistic Theory*. Beijing: Foreign Language Teaching and Research Press.

TURNER M, 1991. *Reading Minds: The Study of English in the Age of Cognitive Science*. Princeton, NJ: Princeton University Press.

TYLER A & EVANS V, 2001. *Reconsidering Prepositional Polysemy Networks: The Case of Over*. Cambridge: Cambridge University Press.

TYLER A & EVANS V, 2002. *Spatial Scenes: A Cognitive Approach to Prepositions and the Experiential Basis of Meaning*. Cambridge: Cambridge University Press.

UNGERER F & SCHMID H J, 2001. *An Introduction to Cognitive Linguistics*. Beijing: Foreign Language Teaching and Research Press.

WIDDOWSON H G, 1978. *Teaching Language as Communication*. Oxford: Oxford University Press.

http://grammar.about.com/od/c/g/Conduit-Metaphor.html.

http://www.natcorp.ox.ac.uk/

https://en.wikipedia.org/wiki/Behaghel's_laws

后 记

语言学的研究浩瀚无边，我们无法通过某一次具体的研究获得对它的全部认识。这是一个既令人沮丧，也令人着迷的事实，它激励着代代语言学学者对语言现象进行探索，笔耕不辍，语言学的研究也因此显得魅力无穷。认知语言学自产生以来给学界带来了一次又一次的思想冲击，刷新了人们对语言现象的固有认识，也引起了巨大的争议，很多学者可能至今都没有完全接受其基本思想。任何语言学派都不能说可以解决所有的语言问题，这个要求对于任何语言学派来说都是不公平且不切合实际的，但只要我们能对某些现象做出比前人更进一步的解释，或者我们的解释范围能覆盖更多的语言现象，就可以说是语言学的一大进步，也就能为后续的研究提供一块很好的"垫脚石"。在这个意义上看，认知语言学确实有其可取之处，它提高了人们对语言的认知水平。但认知语言学发展到今天尚存诸多可提高之处。比如很多学者主要把研究精力集中在语言的某个层面，很少推及其他层面，更少有学者对所有的语言层面进行统一的解释。这与认知语言学的"语言由一般的认知能力所决定"的基本语言观以及"概括性承诺"相去甚远。本书正是基于这一认识，以认知语言学的基本语言观为出发点，选取了认知语言学中的三类认知模式对词汇、句法、语篇层面的现象进行了研究。我们的研究中肯定存在诸多不足之处，也不能说做到了面面俱到，但它毕竟是一次尝试，希望可以起到"抛砖引玉"的作用。

　　本书的完成是一个巨大的工程，若仅凭作者的一己之力是无法实现的，在此我们要对本书的成书有贡献的人表达谢意。首先，我们要感谢四川大学外国语学院的各位老师们，没有他们的辛勤指导以及渊博的知识，我们的学术之路无法被点亮。其次，我们要感谢本书三位作者的两位导师——四川外国语大学的王寅教授、四川大学的刘利民教授，他们的无私付出让我们进入了学术的大门，他们的耐心指导让我们的学术之路更为顺畅。另外，还要特别感谢本书的编辑敬铃凌女士，她的鼓励以及对工作一丝不苟的态度催生了本书的出版。最后，我们也要感谢家人们给我们提供的坚强后盾，这让我们有了奋斗的动力和勇气。